Michael Winteroll

Geschichte Preußens in Ausflügen

Geschichte Preußens in Ausflügen

Historische Entdeckungstouren

Michael Winteroll

nicolai

Unser Newsletter und unsere Facebook-Seite informieren Sie über aktuelle Bücher und alle anderen Neuigkeiten unseres Verlags.

www.nicolai-verlag.de

Michael Winteroll, geboren 1949, studierte Geschichte und Literaturwissenschaft in Berlin und Basel. Er lebt in Berlin und ist Autor mehrerer Berlin-Bücher.

Bildnachweis
bpk, Bildarchiv Preußischer Kulturbesitz: S. 24 (Fotograf: F. K. Meier), 125 (Fotograf: Lutz Braun), 135 (Lutz Braun)
bpk I Eigentum des Haus Hohenzollern: S. 90 rechts (Fotograf: Jörg P. Anders), 110 (Fotograf: Jörg P. Anders)
bpk I Stiftung Preußische Schlösser und Gärten Berlin-Brandenburg: S. 38 (Fotograf: Jörg P. Anders), 42, 58 (Fotograf: Jörg P. Anders), 68, 86, 90 links (Fotograf: Jörg P. Anders),
Michael Haddenhorst, Berlin: S. 16, 32, 40, 50, 55, 77, 93, 95, 106, 114
Michael Haddenhorst, Berlin I Stiftung Preußische Schlösser und Gärten Berlin-Brandenburg: S. 34, 70, 84, 88, 118
Stiftung Preußische Schlösser und Gärten Berlin-Brandenburg: S. 64 (Fotograf: Gerhard Murza), 132 (Fotograf: Hans Bach)
ullstein-bild: S. 8 (Fotograf: Lammel), 10 (Fotograf: Hoffmann), 36 (Fotograf: Christian Bach), 117 (Fotograf: Vidaluz), 120 (Fotograf: Ihlow)

Foto auf dem Umschlag: Schloss Rheinsberg, vom Grienericksee aus, Blick auf die Westseite und Südseite, © Stiftung Preußische Schlösser und Gärten Berlin-Brandenburg (Fotograf: Leo Seidel)

nicolai *Der Hauptstadtverlag*
2., aktualisierte Auflage 2012
© 2005 by Nicolaische Verlagsbuchhandlung GmbH, Berlin
Lektorat: Antonia Meiners
Herstellung: Christine Noack

Printed in the EU

ISBN 978-3-89479-725-6

Inhalt

Vorwort

Großer Kurfürst, Soldatenkönig, Alter Fritz – wie haben sie gelebt, was haben sie geleistet? Und wie war das mit Sophie Charlotte und der Königin Luise? Aber auch: Was hat das verschollene Ostseevolk der Pruzzen mit Berlin zu tun? Oder: Wer waren die Askanier? Dieser Band berichtet davon und von vielem anderen aus Preußens Historie.

Nach jedem Kapitel führen wir Sie zu Plätzen, an denen sich Geschichte ereignet hat. Das Buch enthält mehr als 30 Vorschläge für Ausflüge in die nähere und weitere Umgebung. Vieles aber finden Sie auch gleich um die Ecke: Über 20 Spaziergänge geleiten Sie zu preußischen »Hotspots« in Berlin.

Was war das Besondere an Preußen? Waren Preußens Könige Militaristen? Was hat es mit der berühmten preußischen Toleranz auf sich? Warum gibt es Preußen heute nicht mehr? Die folgenden Seiten erklären es ohne Ballast und alte Klischees.

Selbst Preußenfans fällt es manchmal schwer, all die Friedrichs und Friedrich Wilhelms auseinander zu halten. Hier lernen Sie jeden kennen und besuchen die Könige in ihren Schlössern. Sie erfahren, wo bis heute die Hüte der Königin Luise am alten Platz liegen, die Tabakdosen des Alten Fritz in der Vitrine stehen und die selbstgemalten Bilder des Soldatenkönigs an der Wand hängen.

Viel Vergnügen!

Michael Winteroll

Preußens Vorgeschichte:
Wie Brandenburg entsteht

Ein Grafengeschlecht aus dem Harz zieht auf Eroberung, Siedler gründen Dörfer und Städte, Mönche bauen Kirchen, die »Mark Brandenburg« wird Teil des Heiligen Römischen Reiches Deutscher Nation.

Preußen hat eine lange Vorgeschichte. Sie beginnt am Harz und an der Elbe. Treibende Kraft sind nicht die Hohenzollern, sondern ein anderes Adelsgeschlecht, die Askanier.

Um das Jahr 1100 herrscht diese Grafenfamilie in der Gegend um Aschersleben. Dort am Harz verläuft die Ostgrenze Deutschlands. Die Deutschen Könige und Kaiser schützen die Ränder ihres Reiches durch »Marken«, Grenzgebiete mit bewaffneten Burgen. Regiert wird ein solches Militärgebiet von einem Markgrafen. 1134 ernennt der deutsche König Lothar III. einen neuen Markgrafen, und er wählt ihn aus dem Geschlecht der Askanier: Albrecht von Aschersleben und Ballenstedt, genannt »der Bär«. Herrschen soll Albrecht über die Nordmark, ein Gebiet entlang der Elbe. Und nach Möglichkeit soll er dabei die Grenzen des Reiches nach Osten verschieben. Denn 200 Jahre schon versucht das Deutsche Reich, auch östlich der Elbe Fuß zu fassen. Bisher war es auf Dauer dabei nie erfolgreich.

Mit Albrecht dem Bären ändert sich das. Vier Jahrzehnte lang kämpft er darum, seine Nordmark nach Osten auszudehnen. Dort wohnen slawische Stämme, die keine Christen sind. Die setzen sich heftig zur Wehr, aber manchen ihrer Fürsten erscheint es inzwischen durchaus attraktiv, Christ zu werden und zum Reich zu gehören. Der Slawenfürst Pribislaw – christlich getauft auf den Namen Heinrich – vererbt schließlich seine Burg »Brennabor« (= Brandenburg) samt dem Land ringsherum an Albrecht den Bären. Und der nennt sich von 1150 an »Markgraf von Brandenburg«. Damit beginnt die Geschichte der Mark Brandenburg, die später das Kernland Preußens sein wird.

Es wohnen wenig Menschen hier. Dörfer der Slawen liegen nur entlang der Ufer von Seen und Flüssen, ihre Bewohner leben

Der Dom zu Havelberg. Bereits im 10. Jahrhundert entstand unweit der Havelmündung ein Kloster zur Christianisierung der Slawen.

Tangermünde. Im 14. Jahrhundert ließ Kaiser Karl IV. hier eine Residenz errichten.

vom Fischfang, sammeln Honig, die Landwirtschaft ist altertümlich. Die Markgrafen holen Siedler aus dem Westen: aus der alten Heimat am Harz, aus Niedersachsen, Westfalen, sogar aus Holland und Belgien. Der wilde Osten ist vielversprechend, ein armer Bauernsohn kann hier einen großen Hof bekommen, ein Knecht freier Bauer werden. In 150 Jahren siedelt sich hier fast eine Viertelmillion Menschen an. Auch Slawen ziehen in die neuen Dörfer und Städte der Deutschen. Viele Adelsnamen, die auf »itz« enden, deuten bis heute auf slawische Vorfahren hin.

Ein Dorf besteht aus sechs bis zwanzig Bauernhöfen, dazu kommen »Kossäten« (Kleinbauern) mit etwas Acker und Gartenland. Der Ritter wohnt zum Schutz der anderen ebenfalls im Ort und erhält etwa doppelt so viel Boden wie ein Bauer. Mancher Ritterhof ist aus Stein gebaut und von einem Graben umflossen (später werden aus den Ritterhöfen Gutshäuser). Auch der Pfarrer und die Kirche besitzen eigene Äcker. Die Teilung in Bauern-, Adels- und Pfarrland hat sich in märkischen Dörfern bis 1945 erhalten, in Spuren bis heute.

Die Siedler »aus dem Reich« (so wird es noch lange heißen) sind Christen, und sie bauen Kirchen. Etwa 1500 stehen noch und berichten von der Entstehungszeit der Mark Brandenburg. Zisterziensermönche gründen Klöster, ihre moderne Landwirtschaft dient den Bauern als Anschauungsunterricht. Maurer und Bauleute des Ordens können virtuos Ziegel brennen und mit Stein umgehen. Man sieht das nicht nur an den Klosterbauten, auch viele Kirchen in Dörfern und Städten zeugen von dieser Kunstfertigkeit.

Die meisten Städte der Mark werden in der Mitte des 13. Jahrhunderts unter der Regierung der Brüder Johann I. und Otto III. gegründet. Leicht erkennt man bis heute das rechtwinklige Straßenraster der Planungen. Zunächst schützen Erdwälle die Siedlungen, Mauern und Tore baut man erst später. Brandenburg entwickelt sich unter den Askaniern in zwei Jahrhunderten zu einem dicht besiedelten Land des Heiligen Römischen Reiches Deutscher Nation. Bald gehört der jeweilige Herrscher von Brandenburg zu den sieben Kurfürsten. Das sind jene Reichsfürsten, die den deutschen König küren (wählen) dürfen. 1356 wird das in einem Reichsgesetz, der »Goldenen Bulle«, festgeschrieben. Aus dem Markgrafen von Brandenburg ist damit der Kurfürst von Brandenburg geworden.

Die Mark unterscheidet sich deutlich vom übrigen Reich. Es ist ein Kolonialland. Hier wohnen derbe, durchsetzungsfähige Leute, Deutsche und Slawen. Es sind die Wagemutigen, die aus ihren Heimatdörfern weggegangen sind, um ihr Glück zu machen. Preußens nüchterner, auf das Praktische und Naheliegende gerichteter Charakter hat hier seinen Ursprung.

1319 stirbt Markgraf Waldemar, ohne einen Sohn zu hinterlassen. Das ist das Ende der Askanier-Dynastie. Die Mark fällt an den Kaiser zurück. In den folgenden 100 Jahren wechseln Dynastien und Herrscher. Kein Kurfürst wohnt lange im Land, kaum einer interessiert sich für dessen Entwicklung.

Ab 1373 verwaltet der deutsche Kaiser Karl IV. die Mark und baut sich neben Prag in Tangermünde an der Elbe sogar eine zweite Residenz. Das Land hofft auf einen tatkräftigen Herrscher. Karl lässt ein »Landbuch« anlegen – viele märkische Orte findet man in diesem Besitzverzeichnis zum ersten Mal erwähnt. Aber dem Kaiser bleibt nicht viel Zeit, er stirbt bereits 1378.

Neue Herren folgen, auch sie regieren meist durch Stellvertreter. Kriegszüge verheeren die Mark. Adelsfamilien verschaffen sich auf eigene Faust ihr Recht, als »Raubritter«. Die Straßen werden unsicher. Die Städte verschanzen sich hinter dicken Mauern. Eine Veränderung des Klimas, eine »kleine Eiszeit« in Europa führt zu Missernten; Hungersnöte und Seuchen breiten sich aus. Manche der Siedlungen werden wieder verlassen.

Man wünscht sich die Askanier zurück, unter ihnen war es besser. Bereits 1348 war ein Mann aufgetaucht, der behauptete, er sei Markgraf Waldemar und seinerzeit nicht gestorben, sondern als Pilger ins Heilige Land gezogen. Viele glaubten ihm. Aber der Mann war ein Betrüger. Die Askanier kommen nicht zurück, es gibt sie nicht mehr. Brandenburg wartet.

AUSFLUG **Brandenburgs Mittelalter**

■ **Die Slawenburg bei Raddusch im Spreewald.** Der Ring-
wall aus Erde mit hölzernen Verstärkungen ist erst vor wenigen Jahren entstanden, eine Rekonstruktion, wenn man
so will. Sie zeigt, wie die Slawen sich ihre Fluchtburgen eingerichtet hatten. Man bekommt nicht nur ausgegrabene
Waffen, Kult- und Alltagsgegenstände zu sehen, die Muse-
umsmacher verstehen es, mit eindrucksvollen Inszenierun-
gen ein plastisches Bild der slawischen Welt zu zeigen.

*Landkreis Oberspreewald-Lausitz · 03226 Raddusch, An der Slawen-
burg 1 · Tel. 03 54 33/555 22 · www.slawenburg-raddusch.de*

■ **Die Dominsel in Brandenburg.** Man könnte sie als Ge-
burtsort der Mark bezeichnen. Mit dem Namen jener slawischen »Brennaburg« (die Bedeutung des Namens ist unklar),
bezeichnete man bald das ganze Land.
Bereits 948 wurde das Bistum Brandenburg von Kaiser Otto I.
gegründet. Ein Slawenaufstand 983 brachte die Burg Brennabor wieder in slawische Hand. Anderthalb Jahrhunderte,
bis 1161, amtierte der jeweilige Brandenburger Bischof im
Exil. Erst 1161 zog wieder ein Oberhirte auf die Burginsel,
1165 wurde der Grundstein für die Domkirche gelegt. Der
Bischof musste sich den symbolträchtigen Flecken Landes allerdings mit einem Burggrafen teilen, der den fernen Kaiser
vertrat.
Seit man die Grundmauern des Doms ausgegraben hat, weiß
man, dass dieser der älteste vollständig aus Backstein errichtete Bau der Mark ist. Damals entstanden auch die Gebäude für das Domherrenstift.
Nachdem die Mark Brandenburg entstanden und das Land
endgültig christianisiert war, verlor die Insel an Bedeutung.
Nach 1200 ernannten die Kaiser keinen Burghauptmann
mehr, der Bischof hielt sich nur noch selten hier auf, und der
Verkehr, der einst über diesen wichtigen Punkt lief, suchte
sich andere Wege. Die Insel gehörte bald allein den Dom-
herren.

*14776 Brandenburg, Burghof · Tel. 033 81/22 44 15
www.brandenburg-dom.de*

AUSFLUG **Christianisierung Brandenburgs**

Etwa 1500 Kirchen in Dörfern und Städten erinnern bis heute
an die Zeit der Einwanderung christlicher Siedler. Und viele Dorf-
kirchen, meist aus Feldstein errichtet, haben sich seither kaum
verändert.

■ **Kloster und Dom zu Havelberg.** Der monumentale West-
bau des Doms erhebt sich so imponierend über die Havel-
niederung, als müsste er noch immer für die heilsbringende
Kraft des Christentums werben. 948/50 wurde das Kloster
Havelberg gegründet und zum Bischofssitz erhoben; von hier
aus sollten die slawischen Stämme christianisiert werden.
983 lehnten sich die Slawen gegen die christlichen Eroberer
auf, verwüsteten die Kirche und das Kloster. 150 Jahre später gründeten Brüder des Reformordens der Prämonstraten-
ser das Kloster neu. Der erste Abt und Bischof von Havelberg,
Anselm (später wurde er Erzbischof von Ravenna), gehörte
zu den treibenden Kräften der Slawenmissionierung.
Aus dem 12. Jahrhundert hat sich die mächtig aufragende
Westwand der Kirche erhalten. Der obere Zinnenkranz und
die eindrucksvolle Turmbekrönung allerdings kamen erst im
19. Jahrhundert dazu, als man begann, sich für die Vergangenheit der Mark zu interessieren, ebenso das Portal im Stil
der Neuromanik am Fuß des Westbaus. Das Innere der Kirche vermittelt eindrucksvoll die Atmosphäre der Kirche eines
Reformordens und enthält sakrale Kunst des 13. bis 15. Jahrhunderts. In den mit der Kirche verbundenen Klostergebäu-
den ist das Dommuseum untergebracht.

Landkreis Stendal · 39539 Havelberg, Domplatz 1
Tel. 0393 87/791 04 · www.havelberg-dom.de

■ **Museum zur Christianisierung in der Bischofsburg Ziesar.**
Mit Beginn des 13. Jahrhunderts residierte der Brandenburger
Bischof häufig in Ziesar, auf halbem Weg nach Magdeburg. Mit
Beginn des 14. Jahrhunderts verlegten die Bischöfe ihre Resi-
denz von der Brandenburger Dominsel ganz hierher und bau-
ten die Anlage weiter aus. Die wandbedeckende Ausmalung
der Burgkapelle aus dem 15. Jahrhundert ist in Gestaltung und
Farbigkeit einmalig in Brandenburg. Der um 1200 entstandene
Burgturm und Teile der Burgmauern sind weitgehend erhalten.

Die Dauerausstellung »Wege in die Himmelsstadt. Bischof – Glaube – Herrschaft 800 – 1550« widmet sich als einzige ausschließlich dem Thema der Christianisierung östlich der Elbe.

Landkreis Potsdam-Mittelmark · 14793 Ziesar, Mühlentor 15 A
Tel. 033 830/12 735 · www.burg-ziesar.de

AUSFLUG **Die Zisterzienser in der Mark**

■ **Kloster Zinna.** 1171 wurde durch Erzbischof Wichmann von Madgeburg das Zisterzienserkloster Zinna gegründet. Erhalten ist die spätromanische Kirche aus der Mitte des 13. Jahrhunderts; in der »Neuen Abtei« befinden sich bedeutende Wandmalereien aus der Mitte des 15. Jahrhunderts.

Landkreis Teltow-Fläming · 14913 Kloster Zinna, Am Kloster 6
Tel. 03372/43 95 05

■ **Kloster Lehnin.** 1180 wurde es von Markgraf Otto I. als Hauskloster der brandenburgischen Askanier gegründet. Die verfallene Anlage wurde vor rund 100 Jahren wieder aufgebaut und fortan von der evangelischen Kirche genutzt. Das weiträumige Klosterareal ist zugänglich, die Kirche – entsprechend der zisterziensischen Ordensregel ohne Turm gebaut – ebenfalls. Vor dem Altar ist ein versteinertes Stück Holz im Boden eingelassen, der Sage nach Rest eines slawischen Heiligtums.
Die erhaltenen Bauten aus dem späten Mittelalter (Königshaus, Falkonierhaus, Kornhaus und Reste der Klostermauern) lassen die typische Backsteinbauweise der Zisterzienser und die Ausdehnung dieser bedeutendsten Klosteranlage in der Mark erkennen.

Landkreis Potsdam-Mittelmark · 14797 Lehnin, Klosterkirchplatz
Tel. 03382/768–0 · www.stift-lehnin.de

■ **Kloster Chorin.** 1258 gründeten die Markgrafen Johann I. und Otto III. Chorin. Die Nachfahren Johanns ließen sich in dieser Kirche bestatten. Die Westfassade der Kirche wird häufig als eine Art gebautes Vermächtnis der askanischen Markgrafen angesehen. Das Vorbild Lehnin ist deutlich erkennbar. Auch Chorin war stark verfallen und wurde erst während der

Zeit der Romantik wiederentdeckt. Karl Friedrich Schinkel hat 1817–28 für Erhaltung und Ergänzung gesorgt. Vieles, was mittelalterlich erscheint, stammt erst aus dem 19. Jahrhundert.

Landkreis Barnim · 16230 Chorin, Tel. 033 366/70 377
www.kloster-chorin.com

IN BERLIN **Die Herrschaft der Askanier**

■ **Juliusturm der Spandauer Zitadelle.** Die Askanier, die sich häufig in Spandau aufhielten, übernahmen an dieser Stelle eine Befestigung aus slawischer Zeit. Die Reste sind in einem begehbaren »archäologischen Keller« neben dem Turm zu sehen (gehört zum Heimatmuseum). Markgraf Otto II. hatte hier bereits 1196 einen Beamten eingesetzt, der die Burg verwaltete. Der gut 30 Meter hohe Turm war damals vermutlich im Bau. Er stellt das älteste nicht-kirchliche Bauwerk auf Berliner Boden dar. Der Turm war als letzte Zuflucht in Kriegszeiten gedacht, Reste eines Kamins und von Toiletten sind noch zu sehen. Der Keller diente als Kerker, der Eingang lag, wie bei Burgtürmen üblich, hoch über der Erde und machte den Bau fast uneinnehmbar. Der Turm ist über das Heimatmuseum Spandau zugänglich.

13599 Berlin, Am Juliusturm 1 · Tel. 030/35 49 44–200
www.spandau-zitadelle.net

AUSFLUG **Kaiser Karl IV. an der Elbe**

■ **Tangermünde.** 1373 brachte Kaiser Karl IV. die Mark Brandenburg an sich, nachdem er bereits Schlesien und die Lausitz erworben hatte. Zwischen seine Residenz Prag – Karls Machtbasis bildete das Königreich Böhmen – und das neue Land im Nordosten schoben sich die Herrschaftsgebiete Sachsens, Meißens und Magdeburgs. Dort, wo die Elbe hinter Böhmen zum ersten Mal wieder ihm gehörendes Land erreichte, ließ Karl mit Tangermünde eine zweite Residenz errichten. Von den Bauten, die bis zu seinem Tod 1378 entstanden, haben sich der Bergfried erhalten (»Kapitelturm«), das Tor und das so genannte »Tanzhaus«.

Länder sammeln: Wie Brandenburg zu Preußen kommt

Eine Adelsfamilie aus Franken setzt sich gegen einheimische Ritter und die Städte durch, wechselt zweimal den Glauben und erbt weit verstreute Länder. Dann kommt die große Katastrophe.

1411 macht Kaiser Sigismund einen Vertrauten zum Kurfürsten von Brandenburg, den Nürnberger Burggrafen Friedrich. Er stammt aus dem Adelsgeschlecht der Hohenzollern, die im Dienst der Könige im Reichsland Franken zu mächtigen Herren geworden sind. Mit der Ernennung (Belehnung) bedankt sich Sigismund dafür, dass Friedrich ihm geholfen hat, König zu werden. Damit beginnt eine neue Epoche für Brandenburg. Der neue Markgraf zieht mit einem Heer fränkischer Ritter in den Nordosten. Adel, Städte und Geistlichkeit Brandenburgs huldigen ihm. Friedrich I. geht sofort daran, die Verhältnisse im Land zu ordnen. Zwar verbringen weder er noch seine ersten Nachfolger ihr ganzes Leben in der Mark, aber die neuen Kurfürsten wollen dieses Land wirklich gewinnen.

Friedrich bricht die Selbstherrlichkeit der Städte, die inzwischen ihre eigene Politik betreiben. Den Berlinern baut er gegen ihren wütenden und gewalttätigen Protest eine »Zwingburg« mitten in die Stadt; sie wird später zum Schloss und Berlin die neue Residenz der Kurfürsten.

Auch dem Adel gegenüber schreckt der Hohenzoller nicht vor drastischen Aktionen zurück. Als sich die Herren von Quitzow nicht fügen wollen, zerschießt ein kurfürstliches Heer ihre Burg Friesack. Mit einer eigens über Sumpfwege heran geschafften Kanone, der »faulen Grete«. Und er nimmt Dietrich von Quitzow gefangen. Im Allgemeinen aber einigt man sich gütlich, die Kurfürsten sind auf den Adel angewiesen.

In wichtigen Fragen der Landesverwaltung greifen die Hohenzollern jedoch noch 100 Jahre lang lieber auf Fachleute aus Franken zurück. Die alten Besitzungen rund um Ansbach und Bayreuth tragen den Landesherren auch noch einige Zeit mehr ein als das Kurfürstentum im Nordosten

Die Nikolaikirche in Spandau, wo am 1. November 1539 Joachim II. den Übertritt Brandenburgs zum Protestantismus vollzog.

Die Mark wird gut regiert und bleibt in den folgenden Jahrhunderten ein verlässliches, wenn auch nicht allzu bedeutendes Land des deutschen Reiches. 1539, später als die Nachbarländer, tritt Brandenburg zum evangelischen Glauben über. Wie alle Herrschergeschlechter leiden auch die Hohenzollern häufig unter Geldnot, das Verhältnis zu den Untertanen ist oft alles andere als idyllisch. Und ständig versuchen sie, ihre Macht zu mehren. Familien des Großadels verhalten sich ähnlich wie später Konzerne: Sie versuchen zu wachsen, indem sie andere Herrschaftsgebiete (Firmen) erwerben. Die Mittel sind: heiraten und erben. Mit einer Erbschaftsgeschichte hängt es auch zusammen, dass aus dem kleinen Kurfürstentum Brandenburg schließlich das Königreich Preußen werden kann.

Zunächst haben Brandenburg und Preußen rein gar nichts miteinander zu tun. Brandenburg liegt zwischen Elbe und Oder, Preußen dagegen 600 Kilometer weit weg von Berlin an der Ostsee, im Baltikum. Und es ist auch kein Land, mit dessen Fürsten man die Tochter verheiraten könnte, um es später zu erben. Denn in Preußen herrschen Mönche des »Deutschen Ritterordens«. Der hat Gebet und handfesten Kampf für den Glauben auf seine Fahnen geschrieben, ursprünglich im Heiligen Land. 1226 überträgt Kaiser Friedrich II. dem Militärorden eine neue Aufgabe: Jetzt sollen die Rittermönche die Pruzzen hoch im Norden bekehren. Von diesen »Pruzzen« oder »Prussen« (auf Lateinisch wird das Land »Borussia« genannt) ist nur noch bekannt, dass sie zur baltischen Völkerfamilie gehörten und gute Krieger waren. Zehn Jahre dauert es daher, bis die eisernen Reiter unter Ordensmeister Hermann von Salza gesiegt haben und die Pruzzen erschlagen oder zwangsweise getauft sind. Danach errichten die Ritter einen Musterstaat, den sie selbst leiten. Nach einer Zeit hoher Blüte geht es mit dem Ordensland Preußen wieder bergab. 1410 unterliegt sein Heer den Polen und Litauern in der Schlacht bei Tannenberg und 1466 wird das Land ganz vom polnischen König abhängig.

50 Jahre später erst kommen die Hohenzollern ins Spiel, allerdings zunächst nicht die aus Brandenburg. Die Ordensritter wählen den »Regierungschef« (Ordensmeister) immer aus ihrer Mitte. Jetzt, 1512, entscheiden sie sich für Albrecht von Brandenburg-Ansbach. Der aber hält sich hauptsächlich in Franken auf, seiner Heimat, statt in dem krisengeschüttelten Land im

Osten. Er begeistert sich für die neue Strömung der Zeit, die Reformation. Und als er Martin Luther persönlich aufsucht, rät der ihm, doch aus dem Mönchs-Preußen ganz einfach ein weltliches – und natürlich evangelisches – Fürstentum zu machen. 1525 befolgt Albrecht diesen Rat: Aus dem Ordensland Preußen wird das Herzogtum Preußen.

Die Verbindung zu den kurfürstlichen Vettern in Brandenburg kommt Jahrzehnte später zustande, als Albrecht klar wird, dass er nur einen geistig behinderten Sohn hinterlassen wird. Jetzt gilt es, wenigstens der Verwandtschaft das Land zu sichern.

Die Brandenburger werden bei Albrechts Tod zunächst Mitregenten und erben, als Albrechts kranker Sohn nach einem langen Leben gestorben ist, schließlich jenes ferne Herzogtum an der Ostsee. Ab 1618 ist Kurfürst Johann Sigismund nicht mehr nur Kurfürst von Brandenburg, sondern auch Herzog von Preußen. Kurz zuvor – 1609 – hat man schon einmal geerbt, in der entgegengesetzten Himmelsrichtung: das Herzogtum Cleve und die Grafschaft Jülich am Niederrhein. Rund 1000 Kilometer liegen auf einmal zwischen den westlichsten und den östlichsten Besitzungen des Brandenburgers. Und mit seiner weit verstreuten Ländersammlung sieht er sich mitten hineingestellt in das europäische Kräftespiel: Im Westen muss er beobachten, was Frankreich und die Niederlande tun, im Osten mit Polen, Litauen und Russland zurechtkommen.

Und noch etwas Folgenreiches kommt hinzu: Um das Erbe am Niederrhein antreten zu können, hat der Herrscher erneut den Glauben gewechselt: Der Kurfürst ist jetzt nicht mehr Lutheraner wie seine Untertanen in der Mark und im Herzogtum Preußen, sondern Kalvinist. Diese protestantische Glaubensrichtung wird von den Anhängern Luthers ebenso abgelehnt wie alles Katholische. Das Entsetzen bei den Brandenburgern ist denn auch groß, in Berlin kommt es zu Unruhen.

Zu diesem Zeitpunkt verfinstert sich die Weltlage. Der Dreißigjährige Krieg zwischen katholischen (kaiserlichen) und protestantischen (meist schwedischen) Heeren bringt den Kurfürsten ab 1618 in eine schwierige Situation. Als altes Grenzland hält die Mark traditionell zum katholischen Kaiser, seinem Glauben nach gehört es ins protestantische Lager.

Brandenburg ist nicht gerüstet für Schlachten. Wenn der Kurfürst zu den Waffen ruft, folgen ein paar tausend schlecht bewaffnete Landeskinder der Fahne, um bald wieder auseinander zu laufen, weil es wenig zu essen und kein Geld gibt. Die Mittel für Berufssoldaten aber muss der Landtag, bestehend aus Vertretern des Adels, der Geistlichkeit und der Städte, jedes Mal neu bewilligen. Und der tut das ungern und nie für lange.

Anfangs gelingt es Kurfürst Georg Wilhelm, sein Land aus den Kämpfen heraus zu halten, indem er virtuos die Bündnispartner wechselt. Aber ab 1636 durchströmen Schweden wie Kaiserliche in immer neuen Heerzügen die Mark. Da, wie es heißt, »der Krieg den Krieg ernähren« muss, wird das Land gnadenlos ausgeplündert, Freund oder Feind, das macht keinen Unterschied. Bald wächst nichts mehr auf den Feldern, die Bauern sind tot oder in die Städte geflohen, wo durch die Enge immer wieder die Pest ausbricht. Der Hof kann sich in Berlin nicht halten, flieht erst auf die Zitadelle nach Spandau, schließlich ins ferne Preußen. Zum Schluss verwaltet der Kanzler des Kurfürsten, der katholische Graf Schwarzenberg, von der Spandauer Festung aus Brandenburg notdürftig als Kriegsdiktator.

Am Ende ist das Land verwüstet. In manchen Dörfern der Prignitz und der Uckermark ist niemand mehr am Leben. In der Stadt sind die Häuser zerstört, Gewerbe und Handel fast zum Erliegen gekommen. Manche Städte brauchen 150 Jahre, um wieder die alte Einwohnerzahl zu erreichen.

IN BERLIN Die frühen Hohenzollern

■ **Stadtkirche St. Nikolai in Spandau.** Brandenburg blieb länger katholisch als andere Länder ringsherum. Kurfürst Joachim I. dachte gar nicht daran, sich Luthers Reformation anzuschließen, Brandenburg stand traditionell auf Seiten des Kaisers, der katholischen Macht. Aber viele Adelige liebäugelten damit, den Reichtum der Kirche unter sich aufzuteilen, und in den märkischen Städten gab es viele Anhänger Luthers. Immer wieder musste der Landesherr gegen evangelische Prediger vorgehen. Sogar die eigene Gemahlin floh aus Berlin zu Luther nach Wittenberg – ein ziemlicher Skandal. Erst der Sohn, Joachim II., beugte sich dem allgemeinen Druck. Am 1. November 1539 empfing er hier, in der Stadtkirche seines zweiten Residenzortes Spandau, während des

Gottesdienstes das Abendmahl »in beiderlei Gestalt«, also Brot und Wein und nicht allein die Hostie wie nach katholischem Ritus üblich.

Allerdings verdrängten die Brandenburger das Katholische nicht radikal. Man entschied sich für eine Art Kompromiss und beließ vieles so, wie man es von alters her gewohnt war. So bekreuzigte man sich in Brandenburg noch lange, wie es die Katholiken tun, erst der Soldatenkönig verbot diese Geste. Seit kurzem weiß man, dass Spandaus Nikolaikirche bereits aus dem 14. Jahrhundert stammt. Das restaurierte Kircheninnere bietet noch den Raumeindruck jenes Novembertages von 1539. Der Renaissancealtar mit den eindrucksvollen Terrakottafiguren entstand 50 Jahre später, gestiftet hatte ihn Graf Rochus von Lynar, der Baumeister der Zitadelle. In der Rückwand des Altars kann man in die Gruft der gräflichen Stifterfamilie von Lynar blicken.

13597 Berlin, Am Reformationsplatz 1 · Tel. 030/35 13 43 95
www.nikolai-spandau.de

■ **Die Zitadelle Spandau.** In Spandau stand neben dem Juliusturm der Pallas (Hauptwohngebäude einer Burg) mit einem großen Saal im Erdgeschoss. Obwohl es damals bereits das Schloss auf dem Köllnischen Werder in Berlin gab, benötigten die Markgrafen diesen zweiten Sitz an der Spreemündung. Sie regierten wie schon ihre Vorgänger, die Askanier, immer wieder von Spandau aus. In dem – restaurierten – großen Saal des Hauses finden heute Konzerte statt.

In den Wänden des Pallas stieß man bei der Restaurierung um 1970 auf Grabsteine, die dort einst verbaut worden waren. Sie stammten von einem mittelalterlichen jüdischen Friedhof, auf dem Berliner und Spandauer Juden zwischen 1244 und 1474 begraben wurden. 1510 hatte man die Juden aus der Mark vertrieben.

Mitte des 16. Jahrhunderts waren Burgen veraltet. Moderne Waffen, Kanonen und Gewehre verlangten neue Befestigungen. Im Festungsbau waren die Italiener Meister, Kurfürst Joachim II. engagierte ab 1557 Fachleute aus dem Süden, um die alte Spandauer Burg zu einer modernen Zitadelle (aus dem Italienischen für Festung) umbauen zu lassen. Francesco Chiaramella de Gandino entwarf die Anlage und leitete den

Bau 18 Jahre. Als Fundamente wurden Eichenpfähle in den Sumpf der Havel getrieben. Auf Chiaramella folgte 1578 Rochus Guerrini Graf zu Lynar, 1525 in der Toscana geboren, in Frankreich ausgebildet. Für den Brandenburger Landesherren baute Lynar auch die Festung Peitz, dort steht nur noch der Turm.

Die Zitadelle bietet bis heute das Bild eines Wehrbaues aus der Zeit der Renaissance. Typisch sind die pfeilspitzenartigen Ecken (Bastionen). Von ihnen aus konnte man Angreifer, die es bis an den Fuß der Festungsmauer geschafft hatten (um Leitern anzulegen oder Explosionsladungen anzubringen), von der Seite her beschießen, es gab so keine toten Winkel. Eine Besichtigung der alten Verteidigungsgalerien ist nach Anmeldung möglich.

Der Hof der Zitadelle (bis 1945 militärisch genutzt) kann tagsüber frei betreten werden, die Wälle allerdings sind an den meisten Stellen gesperrt. Der Juliusturm ist über das Heimatmuseum Spandau zugänglich.

13599 Berlin, Am Juliusturm 1 · Tel. 030/35 49 44–200
www.spandau-zitadelle.net

■ **Das Jagdschloss Grunewald.** Mit dem Bau des nach dem Pallas der Spandauer Burg ältesten erhaltenen Gebäudes der Hohenzollern im Berliner Raum wurde 1542 begonnen (zuvor stand an dieser Stelle ein Jagdhaus der Familie von Spil). Die sächsischen Baumeister, die der Kurfürst engagierte, erweiterten damals auch gerade das Berliner Schloss. Ursprünglich war das Jagdschloss ein Stockwerk niedriger und von einem Wassergraben umflossen (der Seespiegel lag damals höher). Der große Saal im Erdgeschoss gilt als letzter erhaltener Renaissanceraum Berlins.

Nach dem Schloss »Zum Grunen Walde« erhielt übrigens nach und nach der umliegende Forst den Namen Grunewald. Das Relief über dem Portal des Schlosses spielt auf die Sage an, Joachim II. hätte den Bauplatz gewählt, weil ihm hier zwei mit den Geweihen verhakte Hirsche begegnet seien. In der Halle findet sich ein Reliefporträt der drei Baumeister, darunter der bedeutende Caspar Theyss.

Joachim II. hatte eine bürgerliche Geliebte, Tochter eines Glocken- und Geschützgießers, im Volksmund »die schöne Gießerin« genannt. Sie soll den Kurfürsten auf Jagdausflügen begleitet und dabei Männerkleidung getragen haben. Nach dem Tode Joachims, so ein Gerücht, habe man sie bei lebendigem Leibe in einem Treppenhaus des Jagdschlosses eingemauert. Noch der letzte Kaiser hielt die Geschichte für wahrscheinlich genug, um Maueruntersuchungen zu verbieten. Heute enthält das Jagdschloss Grunewald eine Sammlung deutscher und niederländischer Malerei des 16. bis 19. Jahrhunderts, darunter mehrere Porträts der Hohenzollern (u.a. von Lucas Cranach d.Ä.) und Möbel.

14193 Berlin, Hüttenweg 100 · Tel. 030/813 35 97 · www.spsg.de

AUSFLUG **Brandenburg im Dreißigjährigen Krieg**

■ **Museum des Dreißigjährigen Krieges in Wittstock an der Dosse.** Im Hauptturm der mittelalterlichen Bischofsburg in Wittstock an der Dosse gibt es seit 1998 ein Museum. Auf sieben Stockwerken erzählt es vom Dreißigjährigen Krieg. 1636 fand hier in Wittstock eine Schlacht mit weitreichenden Folgen statt: Auf der Heide zwischen der Stadt und dem Kloster Heiligengrabe trafen am 13. April 23 000 Kaiserliche und 16 500 Schweden aufeinander. Christoffel von Grimmelshausen schilderte das äußerst blutige Geschehen in seinem 1668 erschienenen Roman »Der Abentheuerliche Simplicissimus Teutsch«. Eine Niederlage der Schweden hätte damals bereits den seit 18 Jahren tobenden Krieg beenden können. Doch die Schweden blieben Sieger, weil die Kaiserlichen sich in falscher Einschätzung der Situation zurückgezogen hatten. Viele der Fliehenden wurden umgebracht. Durch den Ausgang der Schlacht bei Wittstock dauerte der Krieg noch weitere zwölf schreckliche Jahre.

Im Museum sind Rüstungen und Waffen zu sehen, die Schlacht ist mit Hilfe interaktiver Medien und großflächiger Stadt- und Schlachtpanoramen anschaulich dargestellt.

Landkreis Ostprignitz-Ruppin · 16909 Wittstock, Amtshof 1 Tel. 03394/43 37 25 · www.mdk-wittstock.de

Staat werden: Wie man eine Wüste zum Blühen bringt

Der Große Kurfürst baut seine Länder mit kluger Diplomatie und in zäher Kleinarbeit wieder auf. Er schafft ein Heer, das ständig bereitsteht, und ein effektives Steuersystem.

Als Kurfürst Georg Wilhelm Anfang Dezember 1640 in Königsberg stirbt, ist der Thronfolger Friedrich Wilhelm gerade 20 Jahre alt. Geboren im Berliner Schloss, hat er seine Kinderjahre hinter den Festungsmauern Küstrins verbracht. Als junger Mann lernt er Pommerns Seestädte und von 1634 bis 1638 die Niederlande kennen. Dort blühen – es ist Hollands »Goldenes Zeitalter« – Kunst und Gewerbe. Ein Leben lang wird dem Kurfürsten alles Niederländische Vorbild bleiben. Seine Ausbildung genügt nur knapp den Standards hochadeliger Erziehung, der Hof ist arm. Friedrich Wilhelm fühlt sich auch sonst nicht gut vorbereitet auf das Regieren, der Vater habe ihm keinen Einblick in die Geschäfte gewährt, klagt er.

Friedrich Wilhelm erweist sich dennoch als Glück für Brandenburg-Preußen. Er ist ein begabter Herrscher, und er regiert fast ein halbes Jahrhundert. Er kann die Bedrohung durch die Schweden abwenden, schafft ein ständiges Heer, um gegen deren Angriffe gewappnet zu sein und widmet sich mit Engagement dem Aufbau des vom Dreißigjährigen Krieg zerstörten Landes. Er betreibt eine kluge Steuerpolitik und fördert den Ausbau neuer Verkehrs- und Handelswege. Aus ganz Europa holt er Siedler, Gewerbetreibende und Beamte in das verwüstete Land. Sofort nach Regierungsantritt leitet er mit Schweden Friedensverhandlungen ein und kann drei Jahre darauf an die Spree zurückkehren. Schloss und Stadt sind schwer beschädigt. Nachdem sein Werben um Königin Christina von Schweden abgewiesen wird, heiratet er 1646 eine Kusine, Luise Henriette aus dem Hause Oranien, Tochter des Erbstatthalters der Niederlande.

Als der Dreißigjährige Krieg 1648 im »Westfälischen Frieden« endgültig beendet wird, gehört Brandenburg zu den Gewinnern. 1637 hatte man wieder einmal gut geerbt: das riesige

Vor dem Schloss Charlottenburg: das Reiterstandbild des Großen Kurfürsten, 1697 entworfen von Andreas Schlüter.

Pommern. Zwar kann man jetzt diese Ansprüche in den Friedensverhandlungen nicht voll durchsetzen, aber Brandenburg
bekommt wenigstens Hinterpommern und damit fast eine
Landbrücke ins ferne Preußen. Außerdem gewinnt es große Gebiete in Mittel- und Westdeutschland hinzu (erste Schritte zu
einer Verbindung mit den Besitzungen am Niederrhein), und
das Erzbistum Magdeburg bringt die Herrschaft über den El-
beraum (Wirklichkeit wird das allerdings erst 1680 beim Tod
des letzten Bischofs). Als die Friedensverträge unterzeichnet
sind, ist Brandenburg-Preußen ein Drittel größer als vorher.
Ein Sammelsurium unterschiedlichster Länder ist dieses Brandenburg-Preußen, jedes mit eigenen Gesetzen und einem be-
sonderen Verwaltungssystem, von einem einheitlichen Staat
kann auch nicht entfernt die Rede sein. Obendrein sind weite
Teile Brandenburgs und Pommerns völlig ausgeblutet (»Pom-
mernland ist abgebrannt«, heißt es bis heute im Kinderlied).
Aufgabe für die kommenden Jahrzehnte wird neben dem Wiederaufbau die Bildung eines einheitlichen Staatswesens.
Ein ständiges Heer soll Brandenburg-Preußen fortan schützen.
Das Geld bewilligt der Landtag dem Kurfürsten nur gegen einen
hohen Preis: Er muss die Bauern dauerhaft dem Adel ausliefern.
Aus freien Dorfbewohnern werden Leibeigene. Die Arbeits-
kräfte – nach dem Krieg so knapp wie nie – sind jetzt an ihr Land
gebunden und können nicht mehr ohne weiteres fortziehen.
Das neue Heer besteht im Kern aus gerade 2700 Mann, aber
im Krieg werden weitere gedungen. Es bewährt sich sofort. Bereits 1655 kann der Kurfürst nach Nordosten eilen, um seine
Provinz Preußen im schwedisch-polnischen Krieg zu schützen.
Das gelingt zwar nicht ganz, die Tataren verwüsten das Land,
aber in der Schlacht von Warschau 1656 verhelfen die 18 000
Brandenburger den Schweden zum Sieg. Die Friedensprämie
für Friedrich Wilhelm ist nicht zu verachten: Im Vertrag von Oliva
1660 erhält er endlich die volle Souveränität über das Herzogtum Preußen, Polens alte Oberhoheit ist abgeschüttelt.
Gleich nach Regierungsantritt nimmt Friedrich Wilhelm den nie-
derländischen Baumeister Johann Gregor Memhardt in Dienst.
Er verwirklicht die alte Idee, Spree und Oder miteinander zu ver-
binden. Von Fürstenberg aus führt der Kanal hinüber zur Spree.
Ab 1669 existiert ein Handelsweg zu Wasser von Schlesien über
Berlin bis zur Nordsee.

Memhardt ist nicht der einzige Fremde, der in Brandenburg Karriere macht. Friedrich Wilhelm holt sich immer wieder Verwaltungsbeamte aus anderen Ländern, die meisten kalvinistischen Glaubens wie er selbst. Die Brandenburger, die gerade einmal 20 Prozent der Ämter innehaben, murren und argwöhnen, dass sie als Lutheraner durch Kalvinisten unterwandert werden sollen. Fast drei Jahrzehnte ist Friedrich Wilhelm bereits an der Regierung, als er es sich 1668 zutraut, das Steuersystem umzustellen, von der Kopf- auf eine Verbrauchssteuer, die Akzise. Statt Wenige viel zahlen zu lassen, schreibt der Kurfürst den protestierenden Berlinern, hätte nun jeder ein bisschen beizutragen. Das Leben in den Städten verteuert sich daraufhin schlagartig. Aber das System funktioniert, das Geld beschleunigt den Wiederaufbau ungemein.

Vor allem braucht das Land Menschen. Sieben Einwanderungspatente öffnen die brandenburgischen Staaten ab 1661 für Zuwanderer. Aus Holland, Friesland, Salzburg, Böhmen und der Schweiz kommen sie (oft Protestanten, die in katholischen Ländern keine Zukunft haben). 1670 lädt der Kurfürst auch 50 aus Wien vertriebene jüdische Familien ein, sich im Land niederzulassen, sofern sie über ein Vermögen von mindestens 10 000 Talern verfügen.

Nicht zuletzt wandern Hugenotten ein, französische Protestanten. Und das geschieht bereits Jahre vor dem berühmten »Edikt von Potsdam« von 1685, mit dem der Kurfürst die Glaubensgenossen dann förmlich und mit großer Geste einlädt. Rund 20 000 finden insgesamt Aufnahme. Dabei wird nicht jeder genommen. Man prüft, ob ihre Fertigkeiten tatsächlich Nutzen versprechen. Denn es bewirbt sich nicht unbedingt die Elite der Exil-Franzosen, die zieht es eher nach England oder in die Niederlande. Lange bleibt die Einwanderungspolitik ein Zuschussgeschäft.

Die Märker, Pommern und Preußen sehen alle diese Fremden mit Abneigung, ja sogar mit Hass. Für Lutheraner sind Kalvinisten keine Glaubensbrüder. Und die Vergünstigungen erregen Neid: Steuerfreiheit, Geld und anderes könnte man selbst gut brauchen. Viele Neubürger ziehen angesichts der Feindseligkeit und der Härte des rauen Landes bald wieder fort. Zwar führen Franzosen Obstbau und Luxusgewerbe ein, aber dies beschränkt sich im Wesentlichen auf die Hauptstadt.

Eindeutig profitiert das junge Heer von den Offizieren unter den Zuwanderern. Die Streitmacht wächst. Und auch Brandenburgs alteingesessener Adel gewöhnt sich daran, dem eigenen Landesherrn in der Armee zu dienen. Als der Kurfürst 1688 stirbt, stehen 23 000 Mann unter Waffen. Brandenburg-Preußen verfügt damit über das größte Heer im Reich, nur noch übertroffen von dem des Kaisers in Wien.

Trotzdem befindet sich Brandenburg-Preußen außenpolitisch in keiner beneidenswerten Position. 1647 bereits klagt Friedrich Wilhelm, wenn man betrachte, wie seine Länder lägen, sähe man, dass er zwischen den Schweden und dem Kaiser eingeklemmt sei, »undt erwahrte, was sie mitt mir anfangen oder thun Wollen, ob Sie mir das meinige lassen, oder nehmen Wollen«. Selten vermag Brandenburg eigenständige, aktive Politik zu betreiben. Nur mit dem Geld der Großmächte kann der Kurfürst sein großes Heer bezahlen, und ständig muss er deshalb sein Mäntelchen nach dem Wind hängen. 1669 unterstützt er Frankreichs Eroberungspolitik in der Pfalz, drei Jahre später kämpft er auf Seiten der Niederlande gegen den vorherigen Verbündeten. Als 1675 Schweden – auf Betreiben Frankreichs – in Brandenburg einfällt, steht die Armee gerade in Franken. Aus dem Winterlager bricht das Heer auf, um die eigene Heimat zu verteidigen. In einem tollkühnen nächtlichen Kommandounternehmen wird Rathenow befreit. Die Schweden ziehen sich eilig zurück, aber auf der von Sumpf umgebenen Halbinsel Bellin im nördlichen Havelland gelingt es, sie zum Kampf zu stellen. Und sie werden geschlagen. Vom 16. Juni 1675 datiert der erste selbständig erfochtene Sieg des brandenburg-preußischen Heeres – dazu einer über die allgemein verhassten, aber als fast unbesiegbar geltenden Schweden. Auf einem der überall im Reich verteilte Flugblättern wird Friedrich Wilhelm zum ersten Mal »der Große Kurfürst« genannt.

Der erobert bald darauf Schwedisch-Pommern, Greifswald und das lang ersehnte Stettin mit der Odermündung. Aber dem Druck der Großmächte kann er schließlich doch nicht standhalten und muss alles Eroberte wieder herausrücken. Brandenburg-Preußen bleibt eine kleine Macht, abhängig von der Großwetterlage in Europa.

Im 40. Regierungsjahr greift Friedrich Wilhelm weit aus. Denn er blickt sehnsüchtig auf die reichen Seemächte: Warum nicht wie diese im Sklavenhandel Millionen verdienen? Der Kurfürst nutzt holländische Beziehungen und engagiert mit Benjamin Raulé einen Spezialisten für das Flottenwesen. In Pommern und Brandenburg baut man Schiffe, chartert weitere von den Holländern, und auf einmal besitzt Brandenburg eine Flotte und gehört zu den Seemächten. An der Goldküste im heutigen Guinea wird sogar eine Festung gebaut, sie trägt den Namen »Groß-Friedrichsburg«. Aber Schiffe und Seefahrt sind teuer, letztlich kostet alles mehr als es einträgt, mit Brandenburgs schnellem Reichtum wird es nichts.

Äußerst mühsam nur entsteht aus den vielen unterschiedlichen Ländern ein halbwegs einheitlich verwaltetes Gebiet. Der Märker möchte nicht für Angelegenheiten im fernen Preußen zur Kasse gebeten werden, und der Bürger von Kleve nicht für brandenburgische. Aber durch die jahrzehntelang erhobenen Steuern für Krieg und Heer entsteht in der »General-Kriegskasse« doch so etwas wie ein brandenburg-preußisches Steuerwesen. Für höfische Repräsentation – der Kurfürst ist immerhin größter Landesherr im Reich nach den Habsburgern in Wien – ist wenig Geld da. Trotzdem: Berlins Schloss wird repariert und erweitert, der Lustgarten mit aufwändigen Bauten versehen, eine vierreihige Lindenallee in den Tiergarten angelegt, ein neues Stadtviertel errichtet, die »Dorotheenstadt« (nach der zweiten Gemahlin des Kurfürsten benannt). Und es entsteht mit Oranienburg, Schönhausen, Friedrichsfelde, Köpenick, Caputh und Bornim eine Schlösserlandschaft rund um die Hauptstadt. 1662 beginnt Memhardt in Potsdam sogar mit dem Bau einer zweiten Residenz. Der Kurfürst gründet Gymnasien und am Niederrhein in Duisburg eine weitere Landesuniversität, er beruft Gelehrte an den Hof und auf die Lehrstühle, richtet eine Bibliothek im Berliner Schloss ein und versorgt Künstler mit Aufträgen.

Die streitenden Konfessionen zwingt er mit mal sanftem, mal härterem Druck, sich zu vertragen. Im – keineswegs freiwilligen – Zusammenleben von Lutheranern und Kalvinisten liegt eine Wurzel für die preußische Toleranz in Glaubensfragen: Wer dem Staat nützlich ist (und Steuern zahlt) ist willkommen und wird nicht danach gefragt, welcher Religion er angehört. Am Ende seiner Regierungszeit ist Brandenburg-Preußen zwar noch immer vom Krieg schwer gezeichnet, aber es geht aufwärts.

AUSFLUG   **Der Große Kurfürst**

Das Berliner Schloss, in dem er geboren wurde, und das Potsdamer Stadtschloss, wo er gestorben ist, wurden nach dem Zweiten Weltkrieg gesprengt; die Festung Küstrin, in der er seine Kinderjahre verbrachte, liegt an der deutsch-polnischen Grenze in Trümmern. Immerhin aber findet der Besucher noch die Schlösser seiner Gemahlinnen: in Oranienburg und Caputh sowie das in Köpenick für seinen Sohn, den Thronfolger. Alle drei Anlagen präsentieren sich hervorragend restauriert und zeigen – in Oranienburg in Resten – jenen niederländisch inspirierten Barockstil, den der Kurfürst bevorzugte.

■ **Denkmal des Großen Kurfürsten in Rathenow.** Zu Beginn des erfolgreichen Befreiungsschlages gegen die eingedrungenen Schweden im Jahr 1675 wurde Rathenow auf ebenso listenreiche wie tapfere Weise in einem nächtlichen Handstreich befreit. Der brandenburgische Heerführer Georg von Derfflinger führte mit gezogenem Degen das Kommandounternehmen zur Überrumpelung der schwedischen Wachen an. An diese Befreiungstat erinnert das Denkmal.
Friedrich Wilhelm steht als Sandsteinfigur auf prachtvoll geschmücktem Sockel im Gewand eines antiken Herrschers. Reliefbilder zeigen Kriegsszenen, und auf den Stufen sitzen wie in Berlin Sklavenfiguren. Mit dieser Verherrlichung des Großvaters durch Johann Georg Glume d.Ä. schmückte der Soldatenkönig 1736–38 den Paradeplatz der frisch erbauten Garnison Rathenower Neustadt.
Landkreis Havelland · 14712 Rathenow, Schleusenplatz

■ **Die Schlacht von Fehrbellin, Aussichtsturm zwischen Hakenberg und Linum.** Die Schlacht von 1675, durch die die Schweden endgültig aus Brandenburg vertrieben wurden, fand einige Kilometer entfernt vom Städtchen Fehrbellin statt. An der Straße von Hakenberg nach Linum erinnert seit 200 Jahren ein Denkmal an das historische Ereignis. Dort, wo die Brandenburger die schwedischen Linien durchbrachen, steht eine Aschenvase auf einem Sockel. Von hier führt eine Allee 300 Meter weiter zu einem Aussichtsturm, der hier seit 1875 einen Überblick über das einstige Schlachtfeld bietet. Auf diesem Hügel standen 1675 Brandenburgs Geschütze. Gekrönt wird der Bau von einer Statue der Siegesgöttin Viktoria (Entwurf von Christian Daniel Rauch und August Wolf).

In der Kirche des nahen Dörfchens Hakenberg können Besucher Fundstücke besichtigen, hauptsächlich Waffen und Kanonenkugeln.

Landkreis Ostprignitz-Ruppin

■ **Schloss Oranienburg.** Ende September 1650, das kurfürstliche Paar war erst im Winter zuvor auf Dauer nach Berlin gezogen, schenkte Friedrich Wilhelm seiner Gemahlin Louise Henriette das »Amt Bötzow«.

Die Kurfürstin ließ dort von Spezialisten aus ihrer niederländischen Heimat landwirtschaftliche Musterbetriebe anlegen und das kriegszerstörte Städtchen wieder aufbauen. Den ebenfalls in den Niederlanden ausgebildeten Johann Gregor Memhardt beauftragte sie, ein altes Jagdhaus auf einer Havelinsel in ein Schloss umzugestalten. Es entstand ein am niederländischen Klassizismus orientierter, turmgekrönter Bau. Der Turm und der von Memhardt angelegte Garten sind verschwunden, das heutige Schloss Oranienburg erhielt unter dem Sohn Louise Henriettes, Preußens erstem König, seine heutige Gestalt.

Auch die Ausstattung aus der Zeit der Kurfürstin gibt es nicht mehr, dennoch begegnet man im Schloss dem kurfürstlichen Paar immer wieder: Im Orange Saal des Obergeschosses zeigt ein drei mal vier Meter großes Gemälde Willem von Honthorsts (um 1655) die »Gründung Oranienburgs«. Louise Henriette ist darauf als antike Königin Dido zu sehen, die einst, schiffbrüchig an Afrikas Küste, so viel Land zugesprochen erhielt, wie sie mit der Haut eines Stieres bedecken könne. Die kluge Dido schnitt das Fell in schmale Streifen und umspannte damit den Bauplatz des späteren Karthago. Otto von Schwerin, Oberpräsident in Brandenburg und wichtiger Ratgeber Friedrich Wilhelms, präsentiert im Vordergrund das Fell und hält einen Zettel in der Hand mit der französischen Devise »plus outre« (etwa: »über das Mögliche hinaus«).

Gegenüber stellt ein Gemälde Pieter Nasons von 1666, etwa drei mal dreieinhalb Meter groß, das kurfürstliche Paar in

Schloss Oranienburg hatte Louise Henriette von Nassau-Oranien,
die erste Frau des Großen Kurfürsten, errichten lassen.

Staatspose vor antiker Kulisse dar, der Kurfürst trägt den wal-
lenden, reich mit Hermelin gesäumten Purpurmantel und
hält den Herrscherstab in der Hand, der Kurhut liegt auf einem Taburet daneben, die Kurfürstin ist in reicher seidener
Staatsrobe mit Stola gemalt, ihre Hand weist auf den Ge-
mahl. Ein drittes Oranienburger Gemälde zeigt Louise Henriette und Friedrich Wilhelm gemeinsam mit ihren Kindern.
In der einstigen Porzellangalerie tritt der Große Kurfürst dem
Betrachter als noch junger Mann entgegen, die Marmorsta-
tue François Dieussarts stammt aus dem Jahr 1652. Die
Wände dieses Raumes – das Porzellan ist verloren – nehmen
neben Porträts der Vertrauten und Generale Karl Gustav
Wrangel, Otto von Schwerin und Georg von Derfflinger
große Bildteppiche ein. Wie später die Denkmäler dienten
auch sie bereits der Verklärung der Taten des Großen Kurfürsten. Auch wenn die Arbeiten noch zu seinen Lebzeiten
begannen, fertig gestellt wurden sie lange nach seinem Tod.
Damals strebte der Sohn bereits die Königswürde an. Die
Teppiche zeigen die militärischen Siege seines Vaters. Hofmaler lieferten die Entwürfe und die Berliner Manufaktur
Pierre Merciers, eines Refugiés, führte sie aus: ein Erfolg der

Einwanderungspolitik, denn normalerweise kamen Bildteppiche damals aus den Niederlanden oder Frankreich. Handlungsreich und voller Bewegung zeigen sie die Schlacht von Fehrbellin, die Landung auf Rügen 1678, die Eroberung Stettins 1677, die Stralsunds 1678 und die bravouröse, strapazenreiche Winterexpedition nach Ostpreußen 1679.

Hier in Oranienburg, im Zwischengeschoss (Raum 20 des Museums), hängt auch das berühmteste Andenken an die kolonialen Pläne des Herrschers, die 1684 von Lieve Verschuir gemalte Ansicht der Flotte Kurbrandenburgs. 16 größere Kriegsschiffe sind darauf zu sehen: links im Vordergrund das Flaggschiff »Friedrich Wilhelm zu Pferde«, rechts im Vordergrund dagegen eine »Prise«, eine auf See gemachte Beute: 1680 hatten brandenburgische Schiffe die spanische »Carolus Secundus« vor Ostende aufgebracht, die dann als »Markgraf von Brandenburg« in die Flotte des Großen Kurfürsten eingegliedert wurde.

Wie stark Friedrich Wilhelm vom Exotischen fasziniert war, zeigen auch Möbel aus Elfenbein und Gemälde, die er 1652 vom Fürsten Moritz von Nassau-Siegen, einem seiner wichtigsten Ratgeber, erworben hatte. Moritz war als Generalgouverneur der niederländischen Westindischen Compagnie mehrere Jahre in Brasilien gewesen.

Landkreis Oberhavel · 16515 Oranienburg, Schlossplatz
Tel. 03301/53 74 37 · www.spsg.de

■ **Schloss Caputh.** Friedrich Wilhelm erhebt die Insel Potsdam 1660 zur zweiten Residenz. Nach der Idee seines Ratgebers Moritz von Nassau sollte die gesamte Umgebung zur Schloss- und Parklandschaft umgebaut werden. Allein Caputh zeugt noch von diesem frühen Vorhaben. Das Schloss erbaute Philip de la Chièze, nachdem ihm der Kurfürst das seit dem Dreißigjährigen Krieg wüst liegende Gut überlassen hatte. Kaum war der einstöckige Bau fertig, kaufte der Herrscher 1671 den Besitz zurück und schenkte ihn seiner zweiten Gemahlin, Dorothea. Die wollte es gern repräsentativer und geräumiger (Baumeister unbekannt): An die südlichen Gebäudeecken wurden zwei quadratische Pavillons gestellt, so dass hier so etwas wie der damals übliche Ehrenhof entstand. Das bescheidene Landhaus bekam dadurch schlossähnlichen

Schloss Caputh war das Domizil von Dorothea von Holstein-Sonder-burg-Glücksburg, der zweiten Frau des Großen Kurfürsten.

Charakter. Im ersten Stock wurden die Räume erhöht und teilweise eingewölbt – noch heute ist das von außen an der Attika zwischen der alten und der neuen Trauflinie zu erkennen.

Wie im Schloss Oranienburg treten auch in Caputh dem Besucher im Innern Kurfürst und Kurfürstin in Porträts entgegen – nur ist es statt Louise Henriette hier Kurfürstin Dorothea. Die bewegliche Ausstattung der Räume ist verloren, lediglich Stuck und Deckengemälde sind erhalten.

Bereits auf den Unterseiten der Treppe zum ersten Stock zeigen Putten das Monogramm Dorotheas. Oben steht man vor Sandsteinbüsten des Herrscherpaars, der Kurfürst als kompakter, ein wenig gedunsener Sechziger, Dorothea mit bäurisch einfachen Zügen. Im Raum linker Hand, einst Vorgemach der Kurfürstin, wartet ein Gemälde mit dem Anblick Friedrich Wilhelms ohne Perücke auf, das Haar lang und dünn herabhängend; die Kurfürstin sieht man hier in einer Darstellung Ottmar Elligers bekränzt von Blumen und Früchten. Im Hintergrund eines kleinen Tierbildnisses Frederik van Royens, »Zwergsäger auf der Havel bei Caputh«, erblickt man Caputh wie es damals aussah. Im Schlafzimmer der Kurfürstin zeigt der prachtvoll geschmückte Bogendurchgang zum Alkoven Amoretten und das Monogramm Dorotheas. In der einstigen Porzellankammer thront eine weibliche Gestalt mit dem Kurhut auf dem Kopf, umgeben von Sklavengestalten: Borussia (Preußen) als Personifikation Brandenburg-Preußens. Zum ersten Mal wurde hier das ferne Herzogtum zum Symbol für den gesamten Staat der Hohenzollern.

Im Festsaal zeigen Gemälde das Herrscherpaar und vier gemeinsame Kinder. Dahinter, im Schlafgemach Friedrich Wilhelms, ein Porträt aus den letzten Lebensjahren im Prachtharnisch (Abraham und Gedeon Romandon).

Landkreis Potsdam-Mittelmark · 14548 Schwielowsee, Straße der Einheit 2 · Tel. 0332 09/703 45 · www.spsg.de

IN BERLIN **Der Kurfürst persönlich**

■ **Reiterstandbild vor dem Schloss Charlottenburg.** Das berühmte Denkmal von Andreas Schlüter zeigt Friedrich Wilhelm in der Kleidung des antiken Helden, während die Allongeperücke auf seine Epoche verweist.

Die Arbeit an dem 5,60 Meter hohen Werk begann 1696, also acht Jahre nach dem Tod Friedrich Wilhelms. Schlüter konnte auf Gemälde und Bildnisbüsten zurückgreifen. 1700 wurde dann von Johann Jacobi der Bronzeguss (in einem Stück!) ausgeführt, drei Jahre darauf fand das Denkmal seinen Platz auf der Langen Brücke (heute Rathausbrücke) in Berlin, erhöht durch eine Rampe, die Schauseiten auf Schloss, Marstall und Dom gerichtet. Den Sockel schmücken Bildplatten mit Allegorien. 1708/09 wurde die Anlage durch Sklavengestalten ergänzt, die auf den Sockelstufen sitzen. Schlüters Reiterstandbild gilt als eines der bedeutendsten Denkmäler des Barock nördlich der Alpen.

14059 Berlin, Spandauer Damm 20–24

Staat machen:
Wie man König wird

Frankreich macht es vor: Repräsentation ist – fast – alles. Kurfürst Friedrich III. baut sich eine Hauptstadt: Schlösser, Kirchen, schöne Straßen, Kunst und Wissenschaft gehören dazu. Und dann krönt er sich zum König.

Als der Große Kurfürst am Dezember 1688 stirbt, folgt ihm Friedrich III. auf den Thron nach, der zweitgeborene Sohn aus der Ehe mit Louise Henriette. Ein älterer Bruder war 1674 gestorben.

Für seinen Sohn Friedrich mit der schiefen Schulter hat der Große Kurfürst nie viel übrig gehabt. Da eine Missbildung nicht sein darf, lautet die offizielle Version, eine Magd habe seinerzeit das Baby fallen lassen. Friedrich geht in seiner Kindheit durch ein Martyrium, immer neue Ärzte zwängen den Brustkorb des Buckligen in Panzer und Riemenwerk, um ihn gerade zu biegen, die inneren Organe haben das nicht gut vertragen, die seelischen Folgen kann man ahnen.

Der Enkel Friedrichs, Friedrich der Große, hat den Großvater später als prunksüchtigen Hohlkopf dargestellt. Das hat lange nachgewirkt. Tatsächlich aber gehört der Sohn des Großen Kurfürsten zu den bedeutenden Hohenzollern. Er übernimmt einen Staat, den der Vater in 48 Jahren aus zerrütteten Anfängen zu einer respektierten Macht geformt hat, mit der sogar Europa inzwischen zu rechnen gelernt hat: Brandenburgs Heer hilft dem deutschen Kaiser 1686, Budapest (damals: Ofen) von den Türken zu befreien. Friedrich führt alle Ansätze des Vaters fort und entwickelt sie nach den Erfordernissen der Zeit weiter.

Zunächst aber muss er sein Erbe sichern. Der Große Kurfürst hatte aus zweiter Ehe vier Söhne. 25 Jahre lang versucht die Kurfürstin, jedem ihrer Sprösslinge ein eigenes souveränes Herrschaftsgebiet als Erbe zu sichern. Die fragile Ländersammlung des Kurfürsten wäre dann aber wieder zerfallen.

Wie nun der Thronerbe Friedrich mit Diplomatie, Angeboten und Drohungen die Stiefbrüder letztlich zum Verzicht bewegt,

Das von Augsburger Silberschmieden 1695–98 für Friedrich III. hergestellte Prunkbuffet befindet sich heute im Schloss Köpenick.

Sophie Charlotte von Hannover, die erste Königin Preußens.
Gemälde von Friedrich Wilhelm Weidemann, 1705; Berlin,
Schloss Charlottenburg.

zeigt ihn gleich zu Beginn seiner Regierung als begabten Herrscher im Stil der Zeit: selbstbewusst, gerissen, seiner Mittel si-
cher und auf langfristige Ziele ausgerichtet.

Verheiratet ist er zunächst mit einer hessischen Prinzessin. Die
beiden kennen sich seit der Kindheit und sind einander – in Fürs-
tenhäusern damals eher ungewöhnlich – sehr zugetan. Friedrichs
Gemahlin stirbt jedoch ganz jung. An einer Infektion, wird verkündet, von der Schwiegermutter vergiftet, munkelt man.

Die zweite Ehe Friedrichs III. wird nicht glücklich, aber erfolgreich. Im Frühjahr 1884 heiratet er Sophie Charlotte von Hannover. Sie gilt mit blauen Augen und tief schwarzem Haar – entgegen der Mode trägt sie es ungepudert – als Schönheit von europäischem Rang. Dazu ist sie ungewöhnlich gebildet und spricht mehrere Sprachen. Sie hat zwei Jahre am tonangebenden französischen Hof gelebt, auf den Friedrich nur sehnsüchtig schaut (er ist kaum gereist). Statt den französischen Thronfolger zu heiraten, wie es ihre ehrgeizige Mutter wollte – Ludwig XIV. hatte jedoch andere Pläne –, muss Sophie Charlotte dann den verwachsenen Kurfürsten von Brandenburg nehmen, in jeder Hinsicht zweite Wahl. Friedrich legt sich bei der Hochzeit mächtig ins Zeug. Die Feier wird prachtvoll als Theaterinszenierung begangen, der Titel des Stücks lautet »Der Götter Freudenfest«. Jeder Akt wird in einem anderen Schloss aufgeführt: Potsdam, Bornim, Klein-Glienicke, Caputh. Der fünfte und letzte Akt spielt in Berlin.

Europa und das Reich haben sich seit dem Dreißigjährigen Krieg stark verändert. Ein Wettbewerb der Staaten ist entbrannt. Das Zeichensystem der Zeit ist die Repräsentation. Wer politische Ziele erreichen oder auch nur Erreichtes sichern will (zum Beispiel eine immer noch wackelige Souveränität über das Herzogtum Preußen), muss seinen Rang durch Prachtentfaltung und Zeremoniell beweisen.

Friedrich III. beginnt seine Residenz Berlin entsprechend auszustatten und beruft Bildhauer und Architekten: Andreas Schlüter, Jean de Bodt, Johann Arnold Nering, Eosander von Göthe. 1692 wird die Brücke am Schloss aus Pirnaer Sandstein eingeweiht, das Schloss selbst von Schlüter in großem Wurf erweitert, später bauen Nering und Göthe für Sophie-Charlotte spreeabwärts eine Sommerresidenz. Der Bau aber, der den Ehrgeiz der neuen Macht im Nordosten am besten widerspiegelt, ist die Waffenkammer des Heeres in Berlin, das Zeughaus.

Die Hauptstadt wird um die »Friedrichstadt« erweitert, wo vor allem französische Zuwanderer angesiedelt werden. Deutsche und Franzosen erhalten in der Neugründung eine eigene Kirche auf dem geräumigen Marktplatz, auf dem die aus Zuwanderern aufgestellte Truppe der Gens d'Armes (bewaffnete Leute) exerziert. Allerdings stehen entlang der Straßen der Friedrichstadt an vielen Stellen noch gar keine Häuser, sie ist stark auf Zuwachs angelegt. Auch Kunst und Wissenschaft spielen in der höfischen Reprä-

1695 begann Nering mit dem Bau des Sommerschlosses Lietzenburg für Sophie Charlotte. Seit ihrem Tod heißt es Charlottenburg.

sentation eine Rolle. So wird 1694 die Akademie der Künste gegründet, an der sich bald neben einheimischem Adel auch Ausländer im Zeichnen ausbilden lassen. Der Philosoph, Mathematiker und Diplomat Gottfried Wilhelm Leibniz kommt Anfang des Jahres 1700 nach Berlin. Die Königin kennt ihn aus Hannover gut, er war der engste Ratgeber ihres Vaters. Leibniz entwirft den Plan für eine Akademie der Wissenschaften und liefert auch gleich eine brauchbare Idee, wie sie zu finanzieren wäre: durch ein königliches Privileg, Kalender zu drucken.

Neben Brandenburgs alte Landesuniversität in Frankfurt/Oder tritt 1694 eine neue in Halle. Von Beginn an lehren hier bedeutende Theologen und Juristen. Wie sehr die Repräsentation im Vordergrund steht, zeigen die Ausgaben: 3500 Taler kostet die Einrichtung der Universität, 10 000 Taler werden für die Einweihung ausgegeben. Diese Neugründung wird bedeutend werden für Preußen, denn Halle atmet einen neuen Geist, den des Pietismus. Friedrich hat 1691 Philipp Jakob Spener, den bedeutendsten Reformer seit Luther, aus Dresden an Berlins Nikolaikirche geholt. Spener propagiert eine neue Frömmigkeit. An die Stelle äußerlicher Kirchgängerei setzt er stilles Gebet, ein aktives Leben und die ständige Erforschung des eigenen Gewissens als innere Richtschnur. Ein kurfürstliches Edikt muss bereits 1692 allen Geistlichen verbieten, gegen die neue Richtung zu predigen. Aber Spener setzt sich durch und sorgt dafür, dass überall im Land Pietisten auf wichtige Posten berufen werden.

An der neu gegründeten Universität gelangt August Hermann Francke durch Spener auf den theologischen Lehrstuhl, sammelt bei reichen Gönnern Geld und beginnt ein einzigartiges pädagogisches Experiment in der Stadt Halle. Die Franckeschen Stiftungen vereinen Waisenhaus, Lehrerseminar, Elementarschule und Gymnasium in einer »Schulstadt«. Durch die vielen Absolventen prägen die Prinzipien des Hallensischen Pietismus das Denken und Fühlen in Preußen für mehr als ein Jahrhundert. Der Pietismus wird so etwas wie eine preußische Staatsreligion, und er bildet auch die Grundlage für das Ethos des »Mehr sein als scheinen«.

Außenpolitisch lehnt sich Friedrich wie sein Vater an den Kaiser in Wien an, denn der Kurfürst braucht dessen Unterstützung für sein Lieblingsprojekt: Er möchte König werden. Innerhalb des Reiches ist das undenkbar, kein Hof würde sein Königtum anerkennen. Aber das Herzogtum Preußen liegt außerhalb der Reichsgrenzen, hier scheint die Operation möglich.

Friedrich verfolgt sein Ziel mit Geduld. Zunächst wird das Anliegen in Wien glatt abgeschmettert. Aber Wien ist auf die Truppen des Brandenburgers angewiesen (ein europaweiter Krieg um die Erbfolge in Spanien zeichnet sich ab) und stimmt Ende 1700 zu. Auch andere europäische Mächte versichern, sie würden das künftige preußische Königtum des Kurfürsten von Brandenburg anerkennen. Der Weg ist frei.

600 Kutschen brechen mitten im Winter von Berlin nach Preußen auf. Am 30. Januar 1701 setzt sich der Kurfürst im Schloss von Königsberg eine Königskrone auf den Kopf und krönt anschließend Sophie Charlotte. Diese selbst ausgedachte Zeremonie bleibt eine heikle Sache. Königskronen sind entweder uralt (dann stehen sie außer Frage) oder katholisch (dann bedürfen sie der päpstlichen Zustimmung). Rom protestiert denn auch

Friedrich I. mit den Krönungsinsignien. Gemälde von Friedrich Wilhelm Weidemann; Berlin, Schloss Charlottenburg.

gegen Friedrichs Selbstkrönung. Erfolglos. Zu einer Königskrönung gehört die Salbung durch einen Bischof. Kurzerhand werden die Berliner Dompredigter, lutherisch der eine, reformiert der andere, zu Bischöfen ernannt und salben den Gekrönten. Aus Friedrich III. Kurfürst von Brandenburg wird Friedrich I., König in Preußen, Kurfürst von Brandenburg. Im täglichen Leben bedeutet diese Einschränkung wenig, ab sofort ist jede Verlautbarung auch für die kleinste brandenburgische Angelegenheit eben eine »königliche«, da von einem tatsächlichen König erlassen. Die Rangerhöhung ist geglückt.

Nicht mehr Brandenburgs roter Adler steht jetzt für den Staat, sondern der preußische schwarze. Friedrich stiftet den Schwarzen Adlerorden, dessen Inschrift »Suum cuique« (»Jedem das Seine«), zur Devise Preußens wird. Und nach und nach tritt auch der Name »Preußen« an die Stelle des alten »Brandenburg«.

Mit 63 Kutschen, vor jeder sechs Pferde, hält Friedrich I. Einzug in Berlin: Illuminationen, Feuerwerk, aus den Brunnen fließt Wein. Auch die anderen Städte des Königs werden zu Krönungsfeiern angehalten, tun sie es nicht (das schöne Geld!), fordert sie der Herrscher nachdrücklich dazu auf.

Das Ganze ist unglaublich teuer. Allein die diamantenen Knöpfe des Krönungsgewandes verschlingen 100 000 Taler, die Agraffe, mit der der Prunkmantel zusammengehalten wird, kostet noch einmal 100 000. Der arme Staat schafft das kaum. Krönung und ständige Truppenkontingente für den Kaiser übersteigen die Einkünfte. Dazu kommen die Bauvorhaben: das neue Schloss Lietzenburg, das mehrfach erweitert wird. Ein Park wird ihm hinzugefügt und eine kleine Stadt. Als Sophie Charlotte 1705 mit 36 Jahren stirbt, benennt der König die Sommerresidenz um: Charlottenburg soll sie von nun an heißen.

Auch sonst ist der Hofaufwand enorm, die Zahl der Bediensteten und Funktionsträger in den Kammern und Gängen der Schlösser riesig, Livreen, Kutschen, Vergoldungen, die Ausstattung der Räume, feierliche Aufzüge, musikalische Feste (die Königin holt exzellente Musiker aus Italien), Theaterspiele, Gondelfahrten mit Musik: das alles kostet. Selbst der Barbier, der die Majestät täglich zu rasieren hat, gebietet noch über zwei besoldete Helfer. 1706 verbraucht der Hof jeden Monat 30 000 Taler, nahezu die Hälfte der Staatseinnahmen. Die Provinzen sind verbittert, für sie bleibt fast nichts mehr übrig.

Das Verwaltungssystem, vom Vater des Königs für die Aufbauzeit nach dem Großen Krieg effektiv eingerichtet, entspricht nicht mehr den Anforderungen. Es ist auf einen aktiven, mit den Sachfragen aller Ressorts gut vertrauten Herrscher ausgerichtet. Friedrich sieht seine Rolle jedoch anders und macht sich damit abhängig von Ministern.

In dem Westfalen Eberhard von Danckelmann, zunächst sein Erzieher, besitzt er einen äußerst fähigen Premierminister. Allerdings denkt der in vielem sparsamer als der Kurfürst und hält etwa die Bemühungen um die Königskrone für zu kostspielig. Danckelmann hat Feinde. Als die Widerstände wachsen, bittet er mehrfach um seinen Abschied, erhält ihn schließlich 1697 auch ehrenvoll mit 10 000 Talern Jahrespension, wird aber kurz darauf verhaftet (erst der Nachfolger rehabilitiert ihn, behält aber das eingezogene Vermögen).

Die neuen Amtsträger zehren von der Substanz. Allen voran der pfälzische Abenteurer Johann Casimir von Kolb (bald nennt er sich Reichsgraf von Wartenberg). Er schmeichelt dem Herrscher, und er schafft Geld heran: Die Armee wird gegen hohe Gebühren quasi vermietet, Domänenland (königliches Grundeigentum) verkauft und damit die Basis künftiger Einnahmen gemindert. Vor allem aber werden die Steuern ständig erhöht und – sehr erfinderisch – neue ausgeschrieben: nicht nur die damals in Mode kommenden heißen Getränke Kaffee und Tee, sondern auch die Perücken der Herren und die Spitzenhauben der Damen werden besteuert. Zehn Jahre lang fließen die Gelder für Königskrönung, Lietzenburg und Hofhaltung. Das Land wird ausgesogen. Um 1710 ist der Staat aus Geldmangel mehr oder weniger handlungsunfähig. In (Ost)preußen herrscht nach Missernten Hunger. Graf Wartenberg setzt sich ins Ausland ab und darf die Millionen, die er beiseite geschafft hat, mitnehmen.

Als Friedrich I. 1713 stirbt, taucht ein Zettel am Berliner Schloss auf: »Dieses Schloss ist zu vermieten und diese Residenz ist zu verkaufen!« Bitterer Spott geplagter Hauptstädter. Und doch bleibt Friedrichs Leistung bestehen: Im Wettbewerb der mittleren deutschen Mächte hat er Schritt gehalten mit dem sächsischen Kurfürsten, der sich die polnische, und dem Kollegen in Hannover, der sich die englische Königskrone gesichert hat. Ohne sein preußisches Königtum wäre es schwer geworden für Sohn und Enkel.

Preußens erster König

■ **Schloss Köpenick.** 1669 bekam Friedrich das alte Jagdschloss Köpenick vom Vater geschenkt, gemeinsam mit seinem Bruder, dem damaligen Thronfolger. Als der 1674 starb, ging nicht nur die Thronfolge auf Friedrich über, nun gehörte ihm auch das Schlösschen an der Dahme ganz. Seit 1677 beschaffte der Vater Geld für einen Neubau, mit dem zwei Jahre später begonnen wurde. Schon 1680 zog der Kronprinz auf die Baustelle, bis 1682 wurde der heutige nördliche Pavillon errichtet, zunächst als Anbau zum alten Jagdschloss. Als Friedrich 1684 heiratete, brauchte die junge Thronfolgerfamilie mehr Platz. Man riss das alte Jagdschloss ab und plante ein dreiflügeliges Schloss, der zuvor errichtete Pavillon wurde zum rechten Seitenflügel. Rutger van Langervelt richtete die Hauptfassade auf die Wasserseite aus: Von dort reiste der Kurfürst an, entweder per Schiff oder über die Lange Brücke. Johann Arnold Nering setzte den Bau fort, plante vier Flügel. 1682 wurden Tor und Wachhäuschen fertig, danach die Schlosskirche, später der Galeriebau daneben. Der vierte Flügel jedoch gelangte über die Kellerfundamente nicht hinaus, da die Pläne nach dem Regierungsantritt Friedrichs im Jahr 1688 aufgegeben wurden. Der Herrscher musste in Berlin anwesend sein, er benötigt das Geld für andere Bauten und obendrein erinnerte ihn das Schloss an der Dahme zu sehr an den Tod seiner geliebten ersten Gemahlin.

Köpenick gilt als bedeutendster Barockbau Brandenburgs vor der Zeit des überragenden Andreas Schlüter. Im Inneren entstanden im zweiten Stock unter den Händen Giovanni Caroveris die Stuckaturen des prunkvollen Wappensaals: 18 Hermenpaare mit den Wappen der brandenburg-preußischen Landesteile, im Stuck an der Decke tauchen deren Insignien erneut auf. Man hat darin ein politisches Programm erkennen wollen: den Anspruch Friedrichs auf das ungeteilte Erbe, das durch die Politik der Stiefmutter und die mehr als schwankende Haltung des Vaters gefährdet war. Insgesamt haben sich die Stuckaturen italienischer Künstler an den Decken von 29 Räumen in Köpenick erhalten, auch viele der zugehörigen allegorischen Deckengemälde von Jacques Vaillant sind heute wieder zu besichtigen.

1695–98 ließ Friedrich bei Augsburger Silberschmieden ein Prunkbuffet herstellen, das im Rittersaal des Berliner Schlosses seinen Platz fand. Heute ist es hier zu sehen, im Schloss Köpenick.

12557 Berlin, Schlossinsel · Tel. 030/20 90 55 55
www.koepenick.net

■ **Das Zeughaus.** Johann Arnold Nering begann mit dem Bau der Waffenkammer für die Berliner Garnison 1695, starb jedoch im gleichen Jahr. Martin Grünberg führte die Mauern bis zum Dach hinauf, Andreas Schlüter, der zuvor bereits mit Bildhauerarbeiten beteiligt war, übernahm das Projekt, überlud die Mauern der Attika aber derart mit Reliefs und Plastiken, dass sie einstürzten. Jean de Bodt stellte den Bau daraufhin bis 1706 fertig. Die vier Flügel, die heute wieder im ursprünglichen Rosa strahlen, umschließen einen Innenhof. Vor allem durch die ausgeglichenen Proportionen der Fassaden (außen und zum Hof) und den plastischen Schmuck gilt das Zeughaus als bedeutendster Barockbau Berlins.
Die vielfältigen Plastiken an den Fassaden, Toren und auf der Attika beziehen sich durchweg auf Militärisches und Brandenburgs Rolle bei der Befreiung Europas von der türkischen Bedrohung. Schlüter hat für den Hof 22 Masken erschlagener Krieger geschaffen, die realistisch das Sterben im Krieg wiedergeben. Heute dient das Zeughaus dem Deutschen Historischen Museum.

10117 Berlin, Unter den Linden 2 · Tel. 030/203 04–0 ·
www.dhm.de

■ **Das Schloss Charlottenburg der Sophie Charlotte.** Johann Arnold Nering begann den Bau 1695, fortgesetzt wurde er von Martin Grünberg und Eosander von Göthe. Das Sommerschloss Sophie Charlottes war wesentlich kleiner als die mehrere hundert Meter lange Anlage von heute. Steht man im Schlosshof, muss man sich alle seitlichen Flügel wegdenken, auch der Mitteltrakt selbst war schmaler und hatte noch nicht den charakteristischen Kuppelturm über dem Mittelrisalit. Statt des barocken Gartens bot ein Hafenbecken Platz für die Gondeln, mit denen der Hof sich gern von Berlin her auf den Weg machte.

Aus der Zeit Friedrichs und Sophie Charlottes haben sich Wohnräume im Parterre des Hauptflügels auf der Gartenseite erhalten: Hier liegen die Eichengalerie und die »Boissierten Zimmer«, vor allem aber Audienz-, Arbeits- und Schlafzimmer Friedrichs. Man sieht den – winzigen – Schreibtisch des körperlich kleinen Königs und in seinem Schlafzimmer einen Windanzeiger, auf dessen Zifferblatt eine Mechanik die Bewegungen der Wetterfahne vom Dach übertrug. Der verborgene Baderaum mit metertiefer Wanne ist nie benutzt worden.

In den Räumen Charlottes steht das Cembalo der Königin. An den Wänden der Zimmer, deren ursprüngliche Ausstattung weitgehend verloren ist, hängen von Friedrich Wilhelm Weidemann und Antoine Pesne gemalte Staatsporträts Friedrichs und Sophie Charlottes in hermelingesäumten Purpurmänteln, die Krone jeweils daneben liegend. Ähnlich wie in Caputh verweist das »Allianzbild« mit den Königen Polens, Preußens und Dänemarks auf das militärische Bündnis gegen Schweden 1709.

Höhepunkt der Raumfolge bildet das Porzellankabinett, bis unter die Decke voller weiß-blauer Chinaware, mehrere hundert Stücke, auf Etageren präsentiert und von Spiegeln noch vervielfacht.

Eine weitere Wohnung der Namenspatronin Charlottenburgs mit erhaltenen Stuckaturen und Wandbespannungen sowie die Mecklenburgischen Kammern für den Verwandtenbesuch befinden sich auf der Ehrenhofseite.

14059 Berlin, Spandauer Damm 20–24 · Tel. 030/320 91– 440
www.spsg.de

■ **Standbilder am Charlottenburger Tor.** Als Charlottenburg sein 200. Jubiläum feierte, erhielt die – damals noch selbständige – Stadt ein prachtvolles Stadttor nahe den Gebäuden der Königlichen Technischen Hochschule. Große bronzene Freiplastiken zeigen das Herrscherpaar (Heinrich Bauke, 1909): der König im Lorbeerkranz mit Krönungsmantel und Szepter, Sophie Charlotte hält ein Modell des Sommerschlosses Lietzenburg in der Hand. Ursprünglich standen beide Torteile enger beieinander.

10787 Berlin, Straße des 17. Juni

AUSFLUG   **Friedrich gestaltet die Schlösser Oranienburg und Caputh um**

■ **Schloss Caputh.** Der junge Kurfürst kaufte das Sommerschloss der Stiefmutter Dorothea nach deren Tod von den Erben, seinen Stiefgeschwistern, und schenkte es 1690 Sophie Charlotte. Der war es zwar zu abgelegen, Friedrich jedoch mochte sich von dem Besitz nicht trennen, er liebte Caputh und gestaltete es neu. Ein Speisezimmer im Erdgeschoss ließ er einwölben, hier sollte es im Sommer kühl sein. Der Boden dieses Sommerspeisesaals musste dafür eigens abgesenkt werden.

Das Kavalierszimmer im ersten Stock schmücken Porträts des Königspaares Friedrich und Sophie Charlotte, gemalt von Friedrich Wilhelm Weidemann, und im Festsaal hängen Bilder der Stiefgeschwister Friedrichs, gegen die er seine Erbansprüche so mühsam und listenreich hatte durchsetzen müssen. Im Vorgemach der Kurfürstin erlaubt das Gemälde Willem Frederik van Royens »Menagerie des Kurfürsten Friedrich III.« aus dem Jahr 1697 einen Blick in den heute längst verschwundenen Fasanengarten bei Potsdam.

Im Juli des Jahres 1709 hatte der König anlässlich des Besuchs August des Starken, Kurfürst von Sachsen und König von Polen, und Friedrichs IV., König von Dänemark, die verbündeten Herrscher nach Caputh zu einem Gartenfest geladen, das als »Dreikönigstreffen« in die Geschichte einging. In der Porzellankammer des ersten Stocks zeigt ein Gemälde Theodor Gerickes die drei königlichen Besucher.

Landkreis Potsdam-Mittelmark · 14548 Schwielowsee, Straße der Einheit 2 · Tel. 03 32 09/703 45 · www.spsg.de

■ **Schloss Oranienburg.** Viel stärker als dem bescheidenen Caputh widmete sich Friedrich der Verschönerung des Schlosses seiner verstorbenen Mutter: »Dieses von Louise, der Prinzessin von Oranien, der besten Mutter, erbaute und durch den Namen ihres Geschlechts ausgezeichnete Schloss hat Kurfürst Friedrich III. zum Gedächtnis … erweitert, geschmückt und vermehrt, 1690«, verkündet eine lateinische Inschrift. Oranienburg wurde neben Charlottenburg und dem – zerstörten – Schloss in Schwedt zur wichtigsten barocken Anlage in Brandenburg. Leider ist davon nicht mehr allzu viel zu sehen. Grotten und Lusthäuser des Parks ließ bereits des Königs sparsamer Sohn entfernen, das Mobiliar dann der Enkel, Friedrich der Große. Umbauten und Krieg haben Raumfolgen und Interieurs zerstört.

Immerhin tritt der erste König Preußens dem Besucher im Hauptgeschoss, im Audienzgemach entgegen, in der lebensgroßen Marmorplastik Gabriel Crupellos: als Mittdreißiger mit rundem Gesicht, im Königsornat aber ohne Perücke, das Haar kurz geschnitten. Ein Porträt des Königs von Johann Friedrich Wentzel d.Ä. zeigt Friedrich zehn Jahre später. Auch ein prachtvoller Thronsessel ist zu sehen, der aus dem Königsberger Schloss stammt, dem Schauplatz der spektakulären Selbstkrönung. Zwei Bildteppiche mit den Darstellungen einer Schlittenfahrt und eines Armbrustschießens gehören zu einer ganzen Serie von Brüsseler Tapisserien, auf denen höfische Feste und Lustbarkeiten abgebildet sind – ein Geschenk Ludwigs XIV., des bewunderten »Sonnenkönigs« in Paris, an den armen preußischen Kollegen.

Das Deckengemälde Augustin Terwestens in der Porzellankammer, die zum Teil im Originalzustand erhalten ist, zeigt in einer allegorischen Darstellung, wie das Porzellan nach Europa kam. Auch einiges Porzellan, Gegenstand der Sammelleidenschaft des Kurfürsten und späteren Königs, und Etageren, auf denen die Gefäße angeordnet waren, stammen aus der Zeit um 1700.

Landkreis Oberhavel · 16515 Oranienburg, Schlossplatz 2
Tel. 033 01/53 74 37 · www.spsg.de

Manufakturen und Soldaten: Wie man ein Königreich regiert

Als er anfängt, ist er pleite, als er stirbt, stehen im Schlosskeller volle Geldtruhen, und das Land unterhält eine gewaltige Armee. Justiz, Steuern, Wirtschaft: Der Soldatenkönig ist ein Verwaltungsgenie.

Der älteste Sohn von Friedrich und Sophie Charlotte wird am 14. August 1688 in Berlin geboren und erhält den Namen des kurz zuvor gestorbenen Großen Kurfürsten, Friedrich Wilhelm. Als kleines Kind lebt er am Hof in Hannover (und lernt hier bereits seine spätere Gemahlin kennen). Als Junge erlebt Friedrich Wilhelm, wie in Berlin die barocke Residenz des Vaters entsteht. Vielleicht stammt der sichere Blick auf alles Praktische aus diesen frühen Jahren. Er hört von den Siegen brandenburgischer Truppen an der Seite des Kaisers, sie begeistern ihn für das Soldatische, und ein Leben lang wird er ein treuer kaiserlicher Parteigänger bleiben.

Der Vater lässt den Thronfolger nach den Grundsätzen des Pietismus erziehen, der damals gerade in Berlin und Halle Fuß zu fassen beginnt: Es gilt Gott zu fürchten und den Tag genau einzuteilen. Aber auch »Christen zu machen«, das heißt, andere zu einem tätigen und frommen Leben hinzuführen. Für ihn sind das seine Soldaten und Untertanen. Als König wird Friedrich Wilhelm I. die Franckesche Stiftung in Halle fördern.

Die Geldnot bei Hof erlebt das Kind als bedrückend, selbst führt es ganz früh ein Haushaltsbuch »Über meine Dukaten«. Der Prinz ist blond, kräftig, starrköpfig und wird schnell handgreiflich. Gelehrsamkeit langweilt ihn, und die französisierte Hofkultur lehnt er bereits als Knabe ab.

Mit zehn schenkt ihm der Vater zu Weihnachten eine alte Wasserburg südöstlich von Berlin mit ein paar Höfen darum herum: Wusterhausen. Ein Leben lang wird sie ihm Zuflucht bleiben, in der Jugend aber dient sie ihm als Schule für künftiges Regieren. Mit den Bauernjungen übt er exerzieren, und er bringt sich die Land- und Forstwirtschaft von Grund auf selbst bei, küm-

Die Gartenseite des Schlosses Königs Wusterhausen. Hier hielt sich Friedrich Wilhelm I. während der Jagdsaison besonders gern auf.

mert sich um alles, verbessert, investiert, spart: 1709 trägt ihm das Gut 120 000 Taler jährlich ein, davon steckt er ein Drittel in den Unterhalt des Regiments Soldaten, das er inzwischen aus den Bauern geformt hat. Als König wird er bald darauf im Großen anwenden, was er hier im Kleinen ausprobiert hat.

1709 zieht der Kronprinz für ein halbes Jahr in den Krieg. An der Auseinandersetzung um die Erbfolge in Spanien sind alle europäischen Mächte beteiligt, Brandenburg steht auf der Seite des Kaisers. Neben dem genialen Feldherrn Prinz Eugen, dessen Siege Österreich zur Großmacht werden lassen, und dem englischen Befehlshaber Marlborough erlebt der Prinz den Sieg bei Malplaquet über Frankreich. Preußens Regimenter auf dem linken Flügel tragen entscheidend zum Gewinn der Schlacht bei. Prinz Eugen umarmt Friedrich Wilhelm vor allen. Trotzdem erfährt Friedrich Wilhelm eindrücklich, wie wenig sein Land gilt unter den Großen Europas. Mögen sie sein Heer bewundern, grinsen sie doch schon wieder, wenn er es selbst exerziert: Der königliche Unteroffizier heißt er schnell.

Auf dem belgischen Kriegsschauplatz lernt er Leopold von Anhalt-Dessau kennen, regierender Fürst in preußischem Militärdienst. Der elf Jahre ältere Berufssoldat wird ihm lebenslang zum militärischen Berater.

Am 25. Januar 1713 stirbt der König, Friedrich Wilhelm tritt die Regierung an. Er bestattet den Vater noch mit allem gewünschten Pomp. Dann aber reißt er das Ruder herum, reduziert die Kosten des Hofes um achtzig Prozent, verkauft Prunkkarossen, Sänften und Weinkeller. Wer nicht entlassen wird, dem wird das Gehalt gekürzt, wie dem Hofmaler Antoine Pesne. Pomp gibt es künftig nur noch, wenn es die Repräsentation des Staates nach außen fordert. Im Alltag aber wird es karg.

Der militärische Ton bestimmt jetzt ganz und gar das Leben im Schloss. Nicht mehr Höflinge in Samt und Spitzen mit Prachtperücken auf dem Kopf beherrschen das Bild, sondern der Offizier: enger Militärrock, kurzer gepuderter Zopf.

Gleich nach Regierungsbeginn führt Friedrich Wilhelm Krieg. Schweden, mit Frankreich verbündet, wird bei Stralsund und auf Rügen geschlagen, der legendäre König und Feldherr Karl XII. muss fliehen, die Vorherrschaft Schwedens ist gebrochen. Zwar ziehen sich die Verhandlungen noch bis 1720 hin (und Preußen muss noch ein paar Millionen zahlen), aber dann hat der Enkel endlich das Ziel des Großen Kurfürsten erreicht: Berlin besitzt direkten Zugang zum Meer, Stettin und die wichtige Halbinsel Wollin am Ausgang des Haffs werden preußisch. Der König ist darüber so glücklich, dass er für 80 000 Taler Gedenkmünzen prägen lässt.

Sein »cito, cito!« (schnell, schnell!), das er häufig an den Rand von Erlassen schreibt, wird sprichwörtlich: Veränderungen gehen ihm zu langsam. Er möchte jeden, hoch oder niedrig, ständig in nützlicher Tätigkeit sehen. Mit kurzen Arbeitsanweisungen auf grobem Papier an Minister und Kanzleibeamte regiert er das Land. Wenn er an den Schreibtisch geht, streift er sich Ärmelschoner über und zieht einen Kittel an – und er wäscht sich vor und nach jeder Tätigkeit die Hände. Soldatenkönig mag er genannt werden, aber vor allem ist er sein eigener gewissenhafter Verwaltungchef.

Gleich nach Regierungsantritt macht er sich an die Reform der Justiz. Eine gewaltige Aufgabe. Die Rechtsprechung folgt in jedem Landesteil anderen Regeln und jahrhundertealten Gepflogenheiten. Die Hexenverfolgung wird abgeschafft, die Verfahren werden beschleunigt, jedermann soll in angemessener Zeit und zu überschaubaren Kosten zu seinem Recht kommen können.

1717 verfügt er die allgemeine Schulpflicht vom sechsten bis zum zwölften Jahr, den Winter über täglich, sommers an zwei Tagen in der Woche. Die Widerstände bei Eltern und Gutsherren sind erheblich, es geht nur langsam vorwärts damit. Drückende Formen der Leibeigenschaft mildert er ab.

Vor allem aber vereinheitlicht Friedrich Wilhelm die Finanzverwaltung, denn Geld ist ihm »der nervus rerum« (der Nerv der Dinge). Bereits 1714 richtet er eine Art Controlling ein, die »General-Rechenkammer«, Vorläuferin der Rechnungshöfe bis heute. Nach zehn Jahren sind die Reformen so weit gediehen, dass er alle Finanzangelegenheiten des Staates in einer Behörde zusammenfassen kann, dem »General-Ober-Finanz-Kriegs-und Domänendirektorium« (bald einfach »Generaldirektorium« genannt). Behördenchef ist er selbst.

Die Minister des Vaters haben von der Substanz gelebt, Friedrich Wilhelm verfügt: Königliches Land darf nicht mehr verkauft werden. Im Gegenteil: Geht ein Adelsgut Bankrott, kauft es der König. Am Ende umfassen die »Domänen«, die dem König gehörenden Güter, ein Drittel allen Bodens. Hier ist das Leben der

Bauern leichter, sie müssen nur drei Tage in der Woche für die Herrschaft arbeiten und nicht sechs wie beim Adel. Prügeln ist ebenfalls untersagt. Gleichzeitig werden die Domänen mit den effektivsten Wirtschaftsmethoden betrieben. Ab 1718 legen holländische Spezialisten für den Preußenkönig ein Sumpfgebiet trocken, das Havelländische Luch. Ergebnis: weitere 15 000 Morgen Königsland.

Bis 1740 kann Friedrich Wilhelm die Einkünfte aus seinen Ländereien mehr als verdoppeln, sie erbringen sechzig Prozent der Staatseinkünfte. Die übrigen vierzig Prozent trägt die Akzise ein, jene vom Großvater eingeführte Verbrauchssteuer auf den täglichen Bedarf, fast ausschließlich von den Bewohnern der Städte aufgebracht. Demonstrativ zahlen auch die Köche und Verwalter der königlichen Schlösser in Berlin und Potsdam: Keiner soll ausgenommen sein, wird damit signalisiert.

In den Städten herrschten seit Jahrhunderten dieselben Ratsfamilien, eine Cliquenwirtschaft, unter der Handwerker und Tagelöhner leiden. Die neuen Steuerverwaltungen arbeiten transparenter, Sozialdaten werden erhoben (die Kinderzahl, Krankheiten und ob der Mann trinkt) und viel genutzte Beschwerdemöglichkeiten für kleine Leute geschaffen.

Noch immer zeigen die Orte Spuren des Dreißigjährigen Krieges. Auf vielen Grundstücken stehen nach wie vor Ruinen, seit mittlerweile zwei Menschenaltern. Jetzt erhält, wer bauen will, ein Viertel der Kosten vom König, dazu acht Jahre Steuerbefreiung. In Berlin entstehen 1350 neue Häuser, 1 000 allein in der Friedrichstadt. Oft auf direkten Befehl des Königs: »Der Kerl hat Geld; soll bauen!« Für die Betroffenen ist das nicht immer leicht, manchmal bedeutet das fast den Ruin. Die zweite Residenz, Potsdam, erhält durch Friedrich Wilhelm ihr heute bekanntes Gesicht: Für die Spezialkräfte aus den Niederlanden entsteht ein »Holländisches Viertel«, und Kanäle werden angelegt. Auch andere Städte Preußens beginnen zu wachsen. 1740 hat sich die Zahl der Stadtbewohner im Königreich verdoppelt.

Um 1700 lebten in Preußen gerade mal 1,75 Millionen Menschen, 16 pro Quadratkilometer (in Frankreich 46). Menschen, so Friedrich Wilhelm an seinen Sohn, seien jedoch der »größte Reichtum des Staates«. Die tolerante Einwanderungspolitik wird beschleunigt und besser organisiert. 6 000 Menschen wandern jedes Jahr ein: Deutsche, Holländer, Schweizer, Böhmen und

*Für die aus den Niederlanden eingewanderten Handwerker ließ
Friedrich Wilhelm I. in Potsdam das Holländische Viertel erbauen.*

Franzosen. Sie brauchen ein paar Jahre keine Steuern zu zahlen, sind vom Militär befreit, erhalten zwölfeinhalb Prozent der
Baukosten und obendrein Kredite.
Immer noch liegen auf dem Land Bauernstellen brach. Besonders (Ost)preußen ist seit der Hungerkatastrophe von 1708/09
entvölkert. Dorthin werden über 30 000 Salzburger geschickt,
die 1732 ins Land kommen. Kaiserliche Reiter haben im Salzburger Land evangelische Dörfer überfallen, Lutherbibeln ver-
brannt und alle bedroht, die sich weigern, katholisch zu werden. Friedrich Wilhelm geht in die diplomatische Offensive und
erreicht, dass alle abziehen dürfen, die es wollen. Er lädt die
Vertriebenen nach Preußen ein, Wegegeld, Land, Starthilfe in-
klusive. Innerhalb weniger Jahre werden in Ostpreußen 180 000
Morgen Boden kultiviert, Tausende Höfe entstehen neu, mehrere hundert Dörfer. Insgesamt schafft es Friedrich Wilhelm, die
Zahl seiner Untertanen um 40 Prozent zu vergrößern.
Das alles kostet – über sechs Millionen Taler allein die Ansied-
lung der Salzburger. Das effektivste Steuerwesen würde wenig
helfen, gäbe es nur Mangel zu verwalten. Friedrich Wilhelm betreibt deshalb von Beginn an eine aktive Wirtschafts- und Han-
delspolitik. Wichtig sind ihm vor allem Manufakturen.

Der König wird Tuchfabrikant. Er gründet das königliche »Lager-haus« in Berlin. Das kauft Wolle, bereitet sie auf und verteilt sie an die Spinner auf den Dörfern. Die gesponnenen Garne wan-dern zurück zu Berlins Hauswebern, das von diesen gewebte Tuch wird geschoren, am Mühlendamm gewalkt und preußisch-blau eingefärbt. Bereits nach drei Jahren kann das Lagerhaus den Armeebedarf komplett aus eigener Produktion decken. 1719 wird alle Ausfuhr von Wolle verboten, jedes Pfund braucht man selbst. Ab 1725 kann die russische Armee mit versorgt werden und 1734 gehen allein eine Million Meter Tuch in den Export. Ein Drittel aller Berliner lebt von der Textilproduktion.

1722 wird in Spandau und in Potsdam eine Gewehrmanufak-tur gegründet, auch sie hat Erfolg. An anderen Orten entste-hen Betriebe für Kupfer und Messing und in Neustadt an der Dosse eine Spiegelmanufaktur.

Aber Finanz-, Bevölkerungs- und Wirtschaftspolitik sind nur ein Teil des »Systems«, das Friedrich Wilhelm I. vorschwebt. Als Kronprinz hat er ohnmächtig mit ansehen müssen, wie polni-sche und russische Truppen preußisches Gebiet durchzogen. Und dass er von den Großmächten belächelt wurde, hat sich ihm tief eingebrannt. Geld und Menschen sind für Friedrich Wil-helm nur Mittel, eine schlagkräftige Armee zu unterhalten. Nicht um Krieg zu führen – er führt keinen mehr –, sondern um Krieg führen zu können. Zur Abschreckung.

Gleich nach Regierungsantritt stellt er neue Regimenter auf. Preu-ßens Streitmacht wächst von 27 000 Mann auf 79 000. Aber es geht nicht nur um Größe: Gleichschritt und eiserner Ladestock erhöhen die Schlagkraft. Weder das eine noch das andere hat Leopold von Anhalt-Dessau (bald »der Alte Dessauer« genannt) erfunden, aber er vervollkommnet beides und führt es im Heer ein. Gleichschritt verhindert das Auseinanderfallen des Marsch-blocks beim Vorgehen im Gelände, und mit genau eingeübten Bewegungsabläufen nach festgelegten Kommandos lässt sich ein Truppenkörper im Gewirr der Schlacht einigermaßen genau ma-növrieren. Mit dem konischen Stock aus Eisen statt aus Holz steigt die Feuergeschwindigkeit, man bekommt die langen Vorderla-der nach dem Abschießen schneller wieder schussbereit.

Alle Soldaten tragen jetzt Uniform, und zwar in Preußischblau. Die Farben der Rockaufschläge zeigen das Regiment an, Hüte, Litzen und ähnliche Erzeugnisse der Berliner Silbermanufaktur lassen den militärischen Rang erkennen. Alle preußische Fahnen zeigen den auffliegenden Adler und die Devise »nec soli cedit« (er weicht der Sonne nicht).

Die Werbetrupps der Armee werden schnell zu einer Landplage. Sie dringen sogar in Häuser der Handwerker ein und schleppen die Gesellen mit Gewalt fort. Tausende junge Männer flüchten nach Sachsen. Mit dem Ausland bekommt man deshalb diplomatischen Ärger. Ab 1730 erhält daher jedes Regiment einen Bezirk (»Kanton«) zugewiesen, aus dem es sich rekrutieren muss. Die Berliner werden vom Armeedienst ganz befreit, ebenso erstgeborene Bauernsöhne und die wertvollen Arbeiter der Manufakturen, auch sonst gibt es viele Ausnahmen.

In Friedenszeiten braucht die überwiegende Zahl der Soldaten nur in den Manövermonaten Mai, Juni und Juli zu dienen. In der übrigen Zeit können sie einem Gewerbe nachgehen. Rund ein Drittel der Truppe besteht aus Landfremden, meist gegen Handgeld geworbenen (oft vorher betrunken gemachten) Leuten. Durch die langen Dienstbefreiungen und wegen der vielen Ausländer steht letztlich auch unter dem »Soldatenkönig« gerade mal ein Prozent der Bevölkerung ständig unter Waffen.

Der Dienst ist hart, Disziplin oberstes Gebot, Prügel sind an der Tagesordnung. Aber Friedrich Wilhelm verlangt auch, dass alle Soldaten lesen und schreiben lernen, in den Garnisonen wird Schule gehalten. Vor allem für arme junge Männer vom Dorf ist die Armee durchaus attraktiv, der Soldat hat es in vielem besser als der unfreie Knecht auf dem Land. Die Soldaten wohnen in den Dachstuben der Bürger, Neubauten in Garnisonsstädten müssen von vornherein entsprechend geplant werden (Bauherren können sich von Einquartierung freikaufen, aber das ist sehr teuer).

Die Politik des Großen Kurfürsten, Offiziersstellen dem heimischen Adel vorzubehalten, behält Friedrich Wilhelm I. bei. Aber die alte Landsknechtsfreiheit, die den Offizier nur an den Kommandeur band, den »Inhaber« des Regimentes, duldet er nicht mehr: Absoluter Gehorsam gegen den König wird verlangt, »es sei denn wider die Ehre«. Offiziere verdienen wenig, aber immer mehr wird die Armee zu dem Beruf für die Söhne aus Adelsfamilien. Die Kadettenschulen Magdeburg und Kolberg verlegt der König nach Berlin und Potsdam, um sie besser im Blick zu haben. Er kennt die Offiziere meist persönlich.

Friedrich Wilhelm I., Der Soldatenkönig. Gemälde von Antoine Pesne, um 1733; Berlin, Schloss Charlottenburg.

Eine Marotte Friedrich Wilhelms wird zum Gespräch in ganz Europa: seine Vorliebe für »lange Kerls«, sein Leibregiment (»meine Kinder«). Auch andere Heere stellen Großgewachsene in die vorderen Reihen, eine Art psychologischer Kampfführung. Aber bei Friedrich Wilhelm wird dies zur Besessenheit. Die betäubt sogar seine Sparsamkeit: 12 Millionen Taler soll dieses Hobby gekostet haben. Bei seinem Tod umfasst die Truppe

2400 Mann, keiner unter ein Meter achtzig, viele über zwei Meter groß. Diese Soldaten verdienen bis zu 30 Taler im Monat. Friedrich Wilhelms Nachfolger löst die Truppe auf und verteilt die Männer auf andere Regimenter.

Sehr eigenwillig spielt sich die Geselligkeit am Hof des Soldatenkönigs ab. Der königliche Frühaufsteher arbeitet bis 17 Uhr und trifft sich dann mit Militärs, höheren Beamten und Diplomaten zum »Tabakskollegium«. Ob in Berlin, Potsdam oder Wusterhausen, stets gibt es einen Raum mit langer Tafel. Ein kaltes Abendbrot steht bereit, ein Fass Bier ist angestochen. Jeder bedient sich selbst, kein Diener soll hören, was gesprochen wird. Der König erwartet, dass alle aus holländischen Tonpfeifen rauchen, Nichtraucher tun so als ob. Ungezwungenheit ist Pflicht. Man redet soldatisch grob, alle dürfen den König anreden, sogar mit ihm streiten. Es wird getratscht, Militärisches, die Jagd, Politik sind die Themen. Akademiepräsident Jakob Paul von Gundling – wehrlose Zielscheibe derbster Späße – trägt das Neueste aus den Zeitungen vor. Kluge Diplomaten passen sich der königlichen Marotte an, sie hören hier vieles, was sie sonst nicht erfahren würden.

Das diplomatische Spiel bleibt Friedrich Wilhelm fremd – in der Außenpolitik ein großes Manko. Friedrich Wilhelm legt seine Ehre darein, den Kaiser ständig seiner unverbrüchlichen Treue zu versichern. In Wien schüttelt man darüber nur lachend den Kopf. Und verwehrt dem tumben Nordlicht selbst die Erfüllung bescheidenster Wünsche.

Nicht nur für Diplomatie fehlt dem König der Sinn. Auch Kunst und Wissenschaft sind ihm ein Gräuel. Für die Bibliothek werden in manchen Jahren gerade drei oder vier Taler ausgegeben, manchmal auch gar nichts. Ein Theater, das seiner Mutter Sophie Charlotte so wichtig war, gibt es nicht mehr, bis Friedrich Wilhelm in den dreißiger Jahren Geschmack an den groben Späßen einer reisenden Schaustellertruppe findet.

Aus dem mutwilligen, blonden Prinzen wird ein vorzeitig gealterter, jähzorniger, dicker Mann: Bei einer Körpergröße von nur wenig über ein Meter sechzig beträgt sein Taillenumfang ein Meter und dreißig. Er leidet unter Gicht und Asthma. In den letzten Jahren malt er Porträts, naiv und doch eindringlich, viele signiert mit den Worten »in tormentis pinxit« (gemalt unter Schmerzen). Mit Sophie Dorothea von Hannover hat er 14 Kinder, von denen acht am Leben bleiben. Ihr, die am kultivierten Hannoveraner Hof groß wurde, bleibt der derbe Mann fremd. Auch das Familienleben versucht Friedrich Wilhelm einfach zu gestalten. Ein herzliches Verhältnis gewinnen aber wohl nur die jüngeren Kinder zu ihm.

Friedrich Wilhelm I. ist der bedeutendste innenpolitische Herrscher Preußens. Erst sein Verwaltungsgenie macht diesen Staat zu etwas Einmaligem in Europa. Ähnlich systematisch vereinheitlicht werden Steuer-, Manufaktur- und Militärwesen nirgendwo sonst. Dass jeder, hoch oder niedrig, an seinem Platz zu dienen habe, wird erst unter diesem pietistisch geprägten König Staatsräson. Der Soldatenkönig formt das Land. Unter ihm erst wird Preußen recht eigentlich Preußen.

AUSFLUG   Der Soldatenkönig

Das Potsdamer und das Berliner Stadtschloss, des Königs Lebensmittelpunkte, sind verloren. Aber drei Bauten haben sich erhalten, die eng mit ihm verbunden waren: das Jagdhaus Stern, Schloss Königs Wusterhausen und Schloss Kossenblatt.

■ **Jagdhaus Stern.** Dieses kleine Haus ist das einzige Wohngebäude, das Friedrich Wilhelm I. für sich selbst errichten ließ; wahrscheinlich im Jahr 1731 von Johann Boumann d.Ä., der auch Häuser des Holländischen Viertels in Potsdam entworfen hatte. Wie ein in den Wald versetztes Hollandhaus steht es da: aus rotem Backstein, mit dem typischen getreppten, karg geschmückten Schaugiebel. Es gibt nur vier Räume: den Wohnsaal, an drei Seiten von großen Fenstern erhellt, eine gflieste barocke Schauküche, in der der König gelegentlich selbst gekocht haben soll, das einfache Schlafgemach mit getäfeltem Alkoven, das Zimmer für den Adjutanten und einen schmalen Flur. Der Wohnsaal hat einen Dielenboden, einen schmucklosen Marmorkamin, Täfelungen, wenige Gemälde. An den Wänden hängen – es handelte sich um ein Jagdhaus – die Jahr für Jahr vom »Großen Hans«, dem Lieblingshirsch des Hausherrn abgeworfenen Geweihstangen.

Das Haus stand am »Stern«, dem Treff- und Mittelpunkt von über einem Dutzend sternförmig in den Wald gehauener Jagdschneisen, durch die das Wild bei den in Mode gekommenen

Parforcejagden mit Hilfe von Hundemeuten getrieben wurde. Gegenwärtig nicht regelmäßig geöffnet.

14480 Potsdam, An der Parforceheide 74 · Tel. 0331/626 26 53 www.jagdschloss-stern.de

■ **Jagdschloss Königs Wusterhausen.** Mehr Zeit als im Jagdhaus am Stern verbrachte Friedrich Wilhelm in Königs Wusterhausen. Das Schloss geht auf das 16. Jahrhundert zurück, ein typischer, als »festes Haus« errichteter Adelssitz; 200 Jahre hatte ihn die Familie der Schenken von Landsberg besessen. Die äußere Gestalt des Renaissancebaus ist bis heute unverändert. Friedrich Wilhelm fand in Wendisch Wusterhausen, wie es damals noch hieß, den idealen Ausgangsort für die Jagd. Anfangs bot es ein Refugium vor der Langeweile des französischen Zeremoniells am Hof des Vaters. Als er selbst Regent wurde, beherbergten die dicken Mauern ihn und die Familie jahrelang während der Jagdsaison vom Spätsommer bis in den November hinein.

Bedenkt man, wie viele Kinder Friedrich Wilhelm und Sophie Dorothea hatten, erscheint einem Schloss Wusterhausen kaum geräumiger als die Potsdamer Jagdhütte am Stern. Das Familienleben mit dem misstrauischen, zu Jähzorn und körperlicher Züchtigung neigenden, in jeder Hinsicht schwierigen Ehemann und Vater war nicht einfach. Die älteste Tochter, Wilhelmine, später Markgräfin von Bayreuth, Lieblingsschwester von Friedrich II., hat Tagebuch geführt, die Eintragungen zeigen alles andere als eine Idylle: Die Mutter intrigiert gegen den Vater, die Geschwister belauern einander, der Vater dräut als Alp über allem. Nicht zuletzt behauptete Wilhelmine, in Wusterhausen bei Tisch nie satt geworden zu sein, gefroren zu haben (so lange es nicht regnete, tafelte man im Freien) und dass die Langweile sie fast umgebracht hätte. Manches bizarre Detail blitzt auf: Im Schlosshof, so Wilhelmine, seien zwei Bären angekettet gewesen, denen man die Vordertatzen abgeschnitten hatte, sodass sie auf den Hinterbeinen stehen mussten.

Schloss Königs Wusterhausen ist heute nach umfassender Restaurierung zu besichtigen. Ein lohnender Besuch. Zwar hat sich wenig von der originalen Einrichtung erhalten, aber einige Stücke, die gezeigt werden, haben einst im Potsdamer Stadt-

schloss gestanden. Vor allem aber gewähren zwei Gemälde-
sammlungen Einblick in die Gefühlswelt des Soldatenkönigs:
die Galerie mit Porträts von Offizieren und eine Sammlung seiner eigenen Amateurmalerei. Die Offiziersgalerie entstand zwischen 1704 und 1711, also noch vor seinem Regierungsantritt, als er das Infanterieregiment Nr. 6 befehligte, das er später
zu seinem Leibregiment ernannte. 48 von ursprünglich 79 Bildnissen haben sich erhalten. Sie zeigen Vertreter aller Ränge:
vom Generalleutnant Fink von Finckenstein, den der König
später zum Erzieher seines Sohnes Friedrich ernannte, bis
hinunter zum Fähnrich; auch der Feldprediger ist nicht vergessen. Als Maler wird der Ungar Adam Mányoki angenom-
men.

Die Öltafeln, die Friedrich Wilhelm I. selbst gemalt hat, sind
größtenteils nicht hier, sondern auf Schloss Kossenblatt entstanden. Der König hatte das einsame Schloss auf einem
Jagdausflug entdeckt und 1736 gekauft. In den letzten Lebensjahren zog er sich gern dorthin zurück. Gichtkrank und
schmerzgeplagt bedeutete das Malen Ablenkung. Meist ko-
pierte er holländische Meister, aber es finden sich auch Porträts, darunter ein sehr sprechendes Selbstporträt; das Bild,
das er von seinem Sohn Friedrich gemalt hat, ist leider ver-
schollen. Der König ließ sich, wenigstens zu Beginn seiner
Malleidenschaft, die Farben mischen und von den Hofma-
lern die Vorzeichnung auf der Leinwand anfertigen.

*Landkreis Dahme-Spreewald · 15711 Königs Wusterhausen,
Schlossplatz 1 · Tel. 033 75/21 17 00 · www.spsg.de*

Schloss Kossenblatt befindet sich in Privatbesitz und ist nicht
zu besichtigen.

Landkreis Oder-Spree · 15848 Kossenblatt, Lindenstraße 37

AUSFLUG Friedrich Wilhelm baut Potsdam aus

Ab 1722 errichtete der Soldatenkönig die Neustadt, aus deren
Gründungszeit jedoch wenig erhalten ist. Ab 1733 folgt die
zweite Stadterweiterung nördlich der Charlottenstraße.

■ **Holländisches Viertel.** Es entstand ab 1732 für niederländische Einwanderer auf vier Straßenkarrees mit von Jan Boumann d.Ä. entworfenen Bürger- und Handwerkerhäusern im holländischen Stil. Es ist das größte derartige Viertel außerhalb der Niederlande. Samtmacher, Seidenweber, Goldschmiede, Parchentmacher (Parchent = ein Mischgewebe), aber auch Kunsttischler wie Johann Heinrich Hülsmann, der für Friedrich den Großen die Bibliothek im runden Eckzimmer von Sanssouci entwarf und baute, zogen hier ein. Da die seitlichen Hauswände die Konstruktion tragen, konnten die Giebelwände große Fenster aufnehmen. Das Jan-Boumann-Haus in der Mittelstraße 8 wurde im Stil der Entstehungszeit restauriert und dient als Museum.
In der Lindenstraße 54/55 steht das Haus des Stadtkommandanten, 1733 nach dem Entwurf von Philipp von Gerlach als erstes Haus im holländischen Stil gebaut.

14467 Potsdam, Mittelstraße

■ **Militärwaisenhaus.** Friedrich Wilhelm war begeistert von den pädagogischen Bestrebungen der Franckeschen Stiftungen im preußischen Halle. Zugleich wollte er das Problem der verwaisten Soldatenkinder lösen. Der heutige Bau lässt nur noch wenig aus der Zeit des Soldatenkönigs erkennen, er stammt im Wesentlichen von 1778; die Kuppel von Carl von Gontard wurde kürzlich restauriert.

14467 Potsdam, Breite Straße 9/Lindenstraße 34A

■ **Garnisonschule.** Alle Soldaten sollten lesen und schreiben können. Der König war tief von einem christlich pädagogischen Ethos durchdrungen (»Was nützt es mir, wenn ich keine Christen mache«). Der zweigeschossige Bau von 1722 erhielt die heutige Gestalt allerdings erst später, unter Friedrich Wilhelm II.

14467 Potsdam, Henning-von-Tresckow-Straße 11

■ **Stadtschule.** Der Bau wurde 1738 mit einer durch Risalite und Pilaster gegliederten Fassade errichtet und zeigt die Bemühungen des Königs, der 1717 eingeführten Schulpflicht auch eine Basis zu geben.

14467 Potsdam, Friedrich-Ebert-Straße 17

Aufklärung und Schlachtenglück: Wie man eine Macht wird

Zu Beginn staunt Europa über den aufgeklärten Menschenfreund, bald darauf über den Feldherrn. Friedrich der Große behauptet einen Landraub gegen den Rest der Welt und erweitert den Klub der Großmächte.

1712 wird Friedrich Wilhelm der Thronerbe geboren. Der Großvater, König Friedrich I., hält den Enkel über die Taufe und gibt ihm seinen Namen. In den ersten Lebensjahren wird Friedrich der Berliner Hugenottin Madame de Rocoulle anvertraut, die schon den Vater Friedrich Wilhelm erzogen hatte. Französisch wird Friedrich daher von klein auf vertraut. Später erhält er in Jacob Egidus Duhan de Jandun einen Franzosen zum Lehrer, der nicht nur Sprachkenntnisse vervollkommnet, sondern auch Friedrichs lebenslange Vorliebe für Frankreichs Kultur begründet. Auf seinen Einfluss vor allem geht die Vorliebe des Kronprinzen für das damals neue Gedankengut der Aufklärung zurück, die Überkommenes – vor allem die Religion – anzweifelt und allein auf den Gebrauch der Vernunft setzt.

Der Sohn ist dem Vater früh fremd – kein ungebärdiger Wildfang, wie er selbst einst, sondern ein ängstliches Kind, das am Geburtstag lieber ein Bilderalbum anguckt, statt mit den Bleisoldaten zu spielen. Er lernt das Spiel der Block-, später Querflöte, und sein Lehrer Johann Joachim Quantz bringt ihm auch das Komponieren bei. Dem Vater ist das alles unsympathisch – schon wie sich der Sohn nach französischer Mode kleidet und frisiert (»wie ein Narr«) und erst recht der »Querpfeifer und Poet«.

Nach außen folgt »Fritz« den väterlichen Anweisungen und hinterrücks tut er, wenn es irgendwie geht, etwas anderes. Den Papa bringt das zur Weißglut, alles Ränkespiel ist dem König verhasst. Auftritte häufen sich, Friedrich Wilhelm zerrt den Kronprinzen an den Haaren durchs Zimmer und schlägt ihn mit dem Knüppel blutig. Vor versammeltem Hofstaat.

Die Katastrophe ereignet sich dann im Jahr 1730. Auf einer Reise versucht Friedrich zu fliehen. Nach England, um nie mehr

Der »Alte Fritz« vor dem Neuen Flügel des Schlosses Charlottenburg.
Kopie des Bronzedenkmals von Gottfried Schadow aus dem Jahr 1792.

Sklave des Vaters sein müssen. Alles misslingt. Es bleibt bei dem halbherzigen Versuch, sich früh am Morgen aus dem Quartier zu stehlen. Schon als Offiziere seiner Begleitung zu ihm ins Freie treten, gibt er das Vorhaben verloren. Eine Bagatelle im Grunde. Aber er hat sich mit einem jungen Leutnant beraten, Hans von Katte, Briefe sind hin und her gegangen, in denen eindeutig von Flucht die Rede ist. Ein Schreiben gerät in falsche Hände, die Sache ist nicht mehr zu vertuschen, der Vater außer sich, der Sohn für ihn ein Hochverräter. Ein Militärgericht, so sein Befehl, soll die Todesstrafe verhängen. Über den eigenen Sohn. Europa ist entsetzt. Galt Preußens König bis dahin als beschränkter Eisenfresser und unpolierter Grobian, wird er in den Augen der Welt jetzt zur Bestie.

Das Gericht tritt befehlsgemäß zusammen, erklärt sich aber, was Friedrich angeht, für nicht zuständig und verurteilt Katte zu lebenslanger Haft. Der König korrigiert das Urteil: Katte wird geköpft, der eingesperrte Kronprinz muss dabei zusehen. Dessen Schicksal bleibt offen.

Nach monatelangen Demütigungen kommt es zur Versöhnung. Der Kronprinz darf aus der Festung in das Städtchen Küstrin umziehen und lernt als Referendar beim dortigen Kammerkollegium, wie Preußen verwaltet wird. Nachdem er sich hier bewährt hat, folgt der militärische Teil der Ausbildung: Er bekommt ein Regiment, das erst in Nauen, dann in Ruppin stationiert ist. Endlich braucht er nicht mehr ständig unter den strengen Augen des Königs zu leben. Friedrich legt sich einen Garten an, und Wenzeslaus von Knobelsdorff, ein befreundeter Offizier und zugleich Maler und Architekt, baut ihm einen runden Tempel der Freundschaft hinein. Der Kronprinz engagiert Musiker (der Opernkomponist Carl Heinrich Graun ist darunter), dem Vater gegenüber werden sie als Soldaten getarnt. Den Heiratsplänen des königlichen Vaters widersetzt sich der Thronfolger nicht. Am 12. Juni 1732 findet auf Schloss Salzdahlum bei Wolfenbüttel die Hochzeit mit Elisabeth Christine von Braunschweig-Bevern statt. Die Heirat bedeutet für Friedrich vor allem eines: Endlich verfügt er über einen eigenen Hof und eigenes Geld. Der König kauft dem jungen Paar einen alten Adelssitz in der Nähe von Ruppin in Rheinsberg und lässt ihn sparsamst herrichten. Friedrich kann lediglich dafür sorgen, dass das Innere nach eigenem Geschmack gerät.

In den Rheinsberger Jahren versucht der Thronfolger nachzu-
holen, was er durch die Verbote des Vaters an Bildung versäumt
hat. Er liest die Philosophen und Schriftsteller der Antike, allerdings in französischer Übersetzung, denn Latein hatte er nicht
lernen dürfen. Vor allem aber interessiert er sich für Geschichte.
Und er wagt es endlich, an sein Idol Voltaire zu schreiben, den
führenden Autor Frankreichs und Philosophen der Aufklärung.
Daneben aber wird das helle Schloss mit der Aussicht über den
Grienerick See zu einem Hof der Musen. Der Kronprinz und
seine Gäste leben ungezwungen miteinander, eine Hofetikette
besteht nicht, alle beschäftigen sich nach eigenem Gutdünken
tagsüber mit dem Schönen. Sie schreiben, machen Musik, komponieren. Man trifft sich nur zu den gemeinsamen Mahlzeiten.
Auch die Ehe mit Elisabeth Christine scheint anfangs zu funktionieren. Dass sie nie vollzogen worden sei, stimmt wahrscheinlich nicht, der junge Ehemann schreibt guten Freunden
anderes. Klar ist aber auch, dass er sich gleichzeitig zu Männern
hingezogen fühlt. Und dass er zeugungsunfähig ist. Einen Sohn
als Thronfolger wird es nicht geben. Elisabeth Christine wird
gleich nach Regierungsantritt – nicht allzu üppig versorgt – nach
Schönhausen bei Berlin abgeschoben.
1740 stirbt der Vater, Friedrich ist König. Sein Erbe: ein Staats-
schatz von 10 Millionen Talern und die viertgrößte Armee Europas. Die Höfe und die Gelehrten sind gespannt. Man kennt
Friedrichs Interessen und erwartet einiges von diesem Philosophen auf dem Thron.
Und sie werden nicht enttäuscht: Die Akademie der Wissenschaften, unter dem Vater fast vergessen, wird neu gegründet.
Ihre Sprache ist jetzt nicht mehr Latein, sondern Französisch.
Knobelsdorff baut für Friedrich in Berlin das erste Opernhaus in
Deutschland, das frei im Stadtraum steht, zugänglich allen Lieb-
habern der Musik. Der König stiftet einen Orden, »Pour le Mé-
rite« (für das Verdienst), der, das ist neu, für militärische ebenso
wie für zivile Dienste verliehen werden soll. Er schafft die Folter
ab und die Zensur (letztere allerdings nicht lange). Was die Religion angehe, so dekretiert der König, habe der Staat sich heraus-
zuhalten, hier müsse »ein jeder nach seiner Façon selig werden«.
Aber die Herrschaft Friedrichs II. beginnt mit einem ganz anderen Paukenschlag: Der 28-Jährige führt Krieg. Er überfällt im
tiefsten Frieden ein Land, mit dem der Vater immer im besten

Friedrich II. als junger König auf einem Gemälde von Antoine Pesne, 1740; Berlin, Schloss Charlottenburg.

Einvernehmen stand: Österreich. Kühl nutzt der junge König eine Gelegenheit: Auch in Wien ist soeben der Herrscher gestorben. Aber einen Sohn hat er nicht hinterlassen. Nachfolgerin soll vielmehr eine Tochter werden, die 23-jährige Maria Theresia. Rechtlich ist das heikel. Die Großmacht Österreich befindet sich daher in einer unsicheren Situation. Für Friedrich eine Chance, die so schnell nicht wieder kommen wird.
Preußens Truppen überschreiten mitten im Winter die Grenzen Schlesiens. Das Land fällt dem Eroberer fast kampflos zu. Die erste

Schlacht im Frühjahr 1741 bei Mollwitz geht gut aus, aber der König selbst, der die Reiterei kommandiert, ist zuvor geflohen. Immerhin: ein Sieg des Jungphilosophen über die als unbesiegbar geltende Armee Österreichs. Europa ist verblüfft.

Friedrich analysiert das eigene Versagen, das zugleich auch eines der Kavallerie war und reformiert diese Waffengattung. Beweglicher und schneller muss sie werden. Bald entdeckt und fördert er den 42-jährigen Hans Joachim von Ziethen. Kleinwüchsig, ohne Befehlsstimme, trinkfreudig und streitsüchtig hat der es bis dahin nur zum Oberst gebracht. Unter Friedrich wird er General, Armeebefehlshaber und als »Ziethen aus dem Busch« eine legendäre Gestalt: Immer wieder tauchen seine Husaren in Friedrichs Kriegen dort auf, wo der Gegner sie gerade nicht erwartet.

Zwar kommt es nach weiteren Erfolgen Preußens im Sommer 1742 zu einem Frieden, und Schlesien scheint gewonnen, aber die junge Kaiserin Maria Theresia setzt diplomatisch alles daran, den »schrecklichen Mann« in die Enge zu treiben. Und als Friedrich befürchten muss, von den Großmächten angegriffen zu werden, schlägt er erneut los. Es ist Sommer 1744.

Das Glück ist diesmal zunächst nicht auf seiner Seite. Aber im Juni des folgenden Jahres gelingt es bei Hohenfriedberg, die vereinigten Heere Österreichs und Sachsens zu schlagen. Friedrichs Vorteil: Er hat das Terrain genau erkundet und greift zu einer List. Er lässt am Abend die Zelte aufgebaut, die Wachfeuer brennen, und marschiert im Schutz der Dunkelheit in den Rücken des Feindes, der am frühen Morgen überrumpelt wird. Ende September, nach einem weiteren, diesmal unglaublich blutigen Sieg bei Soor – preußische Garderegimenter stürmen frontal gegen feuernde österreichische Kanonen – glaubt der König endgültig gewonnen zu haben und kehrt nach Berlin zurück. Aber Österreich und Sachsen zwingen ihn zu einem weiteren Feldzug – diesmal im Winter – unterliegen aber erneut bei Kesselsdorf. Am Weihnachtstag 1745 wird in Dresden endgültig Frieden geschlossen. Alle Welt sieht beeindruckt: Der junge König hat seinen Raub in zwei Kriegen gegen eine Übermacht behaupten können. Schlesien bleibt preußisch.

Europa beginnt nun allgemein von Friedrich dem Großen zu sprechen. Er hat aus seinem räumlich zerrissenen Königreich in fünf Jahren eine Macht von europäischem Rang geformt, fast

Blick auf das von Knobelsdorff 1747 für Friedrich II. fertig gestellte Schloss Sanssouci mit den Weinbergterrassen.

schon auf einer Stufe mit Österreich, England, Frankreich und Russland. Anders als seine Konkurrenten führt er dabei seine Truppen selbst. Und auch die Art, wie er Siege erringt, ist neu: Schnelle, oft tollkühne Angriffe aus ungewohnten Positionen sind sein Kennzeichen.

Es folgen elf Friedensjahre, in denen das Land aufblüht. Friedrich hat Schlesien gewonnen, und es wird die reichste Provinz Preußens. Wie im Krieg die Armee, führt der König auch die tägliche Politik nach außen wie nach innen selbst.

Wie der Vater kümmert er sich detailversessen um die Wirtschaft. Zur Tuch- tritt jetzt die Baumwollproduktion, dazu Seiden- und Samtindustrie. Rund um Berlin werden Dörfer für Textilspezialisten gegründet. Da sich die Seidenraupe von den Blättern des Maulbeerbaumes ernährt, werden Pfarrer und Lehrer dazu angehalten, diese anzupflanzen. Eine mühselige Sache im rauen Brandenburg.

Der König lässt das Oderbruch trockenlegen – ein alter Traum des Vaters. Die Arbeiten erstrecken sich zwar über Jahrzehnte, aber Friedrich erlebt noch, dass 30 neue Bauerndörfer entstehen: »Hier habe ich im Frieden eine Provinz erobert«.

1747 bezieht der König seinen Potsdamer Sommersitz Sanssouci, den Knobelsdorff nach einer Skizze Friedrichs errichtet hat. Sanssouci ist als Residenz etwas völlig Neues. Ein Hofzeremoniell gibt es hier nicht. Statt dessen ist es ein Ferienschloss im Grünen: große Türen, durch die man auf die Terrasse über dem Weinberg tritt. Ein Schloss für Junggesellen. Im Zentrum ein Speisesaal für die bekannt langen Mahlzeiten bei lebhaftem Gespräch, auch für Konzerte am Abend. Im Musikzimmer musizieren Carl Philipp Emanuel Bach, Friedrichs Flötenlehrer Quantz, Franz Benda, und sie alle schreiben auch Musik für ihn; 1747 weilt sogar Johann Sebastian Bach für ein paar Tage in Potsdam.1750 gelingt es Friedrich nach langem Briefwechsel, Voltaire an seinen Hof zu ziehen. Dessen Aufgabe: bei der Tafel plaudern und Friedrich literarisch zur Hand gehen. Denn der König schreibt täglich: Briefe, Verse, aber auch historische und militärische Abhandlungen. Der Star aus Frankreich verleiht dem nicht ganz perfekten Französisch seines Gönners eine elegante Form. Zwar endet alles im Streit, Voltaire zieht davon und lästert über Friedrich und Potsdam. Aber nach ein paar Jahren schreibt man sich erneut und bleibt einander bis zu Voltaires Tod brieflich verbunden.

Außenpolitisch gerät die junge (Fast-)Großmacht nach und nach in die Isolation. Es gelingt der Diplomatie Österreichs, nicht nur Frankreich, sondern auch Russland zu einem Bündnis zu bewegen. Auch dieses Mal kommt Friedrich den Gegnern mit einem schnellen Schlag zuvor und erobert im Spätsommer 1756 Sachsen. Bald steht er mit allen Territorialmächten im Krieg, einer gigantische Übermacht. Sogar die Truppen der kleineren süddeutschen Länder kämpfen als »Reichsarmee« auf Seiten der Kaiserin Maria Theresia in Wien gegen Preußen, denn Friedrich hat den Krieg schließlich begonnen und gilt nach der uralten Reichsverfassung als »Friedensstörer«.

Im Juni 1757 erleidet die Armee bei Kolin in Böhmen eine furchtbare Niederlage. Aus Überheblichkeit hat der König schwere taktische Fehler begangen, 14 000 Soldaten bezahlen das mit ihrem Leben oder ihrer Gesundheit.

Und doch wird er mit seiner Armee in diesem und dem folgenden Jahr zur Legende: Die Siege bei Roßbach in Süddeutschland über die Reichsarmee (November 1757), einen Monat später bei Leuthen in Niederschlesien über Österreich und im Sommer 1758 bei Zorndorf in der Neumark über Russland zeigen die überragende Feldherrenkunst des Königs und seiner Generale. Und sie beweisen, wie herausragend Ausbildungsstand und

Moral der preußischen Truppen sind. Schon die Marschleistung ist unglaublich: acht- bis neuntausend Kilometer legen die Soldaten der durch Böhmen, Sachsen, Schlesien, Thüringen und die Marken hetzenden Regimenter zu Fuß zurück.

Aber der Roi Connétable (königliche Feldherr) verhält sich oft wie ein Spieler. Ungeduldig, um schneller Aktion willen opfert er Tausende von Soldatenleben. In seinem Bruder, dem 14 Jahre jüngeren Prinzen Heinrich, verfügt Preußen dagegen über einen Heerführer, der Erfolge anders erringt: durch kluges Abwarten, Erkunden des Geländes, durch geschickten Kleinkrieg, indem er den Gegner vom Nachschub abschneidet oder die Schlacht hinauszögert, bis sich der Feind zurückziehen muss. Die ungleichen Brüder sind einander in Hassliebe verbunden.

Im August 1759 unterliegt Preußen an der Oder bei Kunersdorf gegen eine fast doppelte Übermacht aus Russen und Österreichern (wieder infolge der Ungeduld Friedrichs). Als der Gegner sich aber zurückzieht und den Sieg nicht zum Vorstoß auf das nahe Berlin nutzt, spricht der König vom »Wunder des Hauses Brandenburg«.

Dennoch wird die Lage immer verzweifelter. 1760 halten Russen und Österreicher zehn Tage lang Preußens Hauptstadt besetzt, erpressen von den Stadtvätern Millionen und verwüsten die umliegenden Schlösser. Zwei bravouröse preußische Siege bei Liegnitz in Schlesien im August und Anfang November in Torgau an der Elbe, wo der österreichische Feldmarschall Daun geschlagen wird, scheinen wenig zu nützen. Bald können die Heere der Feinde sogar ihre Winterquartiere auf preußischem Boden beziehen, das Land ist fast schutzlos. Die Verluste der Armee betragen inzwischen 180 000 Mann, die Regimenter sind kaum noch aufzufüllen und die neuen Soldaten nicht trainiert. Vor allem aber fehlen Offiziere, so manche Adelsfamilie in der Mark hat alle Söhne in diesem Krieg verloren.

Im Jahr darauf, 1762, wird Preußen wieder nur durch ein Wunder gerettet: Ausgerechnet als gerade eine gewaltige Übermacht aus Russen und Österreichern Friedrichs Heer in die Zange nimmt, stirbt die Zarin. Ihr Sohn aber ist ein glühender Verehrer Friedrichs und wechselt sofort die Seiten. Gemeinsam vertreibt man Österreich aus Schlesien.

Letztlich gelang es den vereinten europäischen Feinden in den sieben Kriegsjahren nie, ihre erdrückende Übermacht wirkungsvoll einzusetzen, sodass Friedrich sie einzeln schlagen konnte. Als im Oktober 1762 Prinz Heinrich im sächsischen Freiberg einen weiteren Sieg über Maria Theresia erringt, ist auch Österreich endgültig erschöpft. Im Februar 1763 schließt man auf Schloss Hubertusburg bei Leipzig Frieden.

Auf den ersten Blick hat das Gemetzel des Siebenjährigen Krieges, wie er bald genannt wird, nichts gebracht als ein erschöpftes Unentschieden. Tatsächlich aber hat sich der Newcomer unter Europas Großen endgültig durchgesetzt. Als Russland und Österreich 1772 Polen untereinander aufteilen, können die beiden Großmächte die dritte, das angrenzende Preußen, nicht mehr übergehen. Das bekommt als Beuteanteil beim Länderraub einen alten Wunsch erfüllt: eine Landbrücke zwischen Neumark, Pommern und Preußen. Aus der alten Provinz »Preußen« wird »Ostpreußen«, um sie von den neuen Gebieten zu unterscheiden, die »Westpreußen« genannt werden.

Auf den Krieg folgt die Krise. In den Straßen betteln zahllose Invaliden. Der Adel ist verarmt, während Kriegsgewinnler vierspännig durch die Straßen fahren. Um zu Geld zu kommen, hat Friedrich während des Krieges minderwertige Münze schlagen lassen und damit die kleinen Händler betrogen. Fast allen geht es schlecht. Zum ersten Mal seit 100 Jahren hat sich die Bevölkerung dramatisch verringert, gleich um 300 000 Menschen. 13 000 Häuser, klagt der König in einem Brief an Voltaire, seien zerstört.

Mit großer Tatkraft widmet sich Friedrich dem Wiederaufbau. Er sorgt für Arbeit: An den Flüssen Netze und Warthe werden Sümpfe trockengelegt und Existenzgrundlagen für Tausende geschaffen. Ab 1773 verbindet der Bromberger Kanal Polen mit Berlin, 6 000 Arbeiter haben ihn gegraben. Auch Friedrichs neuer Schlossbau ist Arbeitsbeschaffung. Eine »Fanfaronnade« (Prahlerei) nennt er das Neue Palais im Park von Sanssouci. Der riesige Palast ist im Übrigen auch außenpolitische Nachkriegs-Propaganda, ein laut tönendes »Seht her, ich kann's mir trotzdem noch leisten«.

Jahrelang hat der König als Feldherr unter höchster Anspannung gestanden, sich oft in Todesgefahr befunden, mehrere Pferde hatte man ihm unter dem Leib weggeschossen, selbst im Winter wurde mitunter im Freien biwakiert: Jetzt ist er krank und ein vor der Zeit alter Mann. Er vergräbt sich in Potsdam, sommers in Sanssouci, winters im Stadtschloss. Der Umgang mit ihm ist schwierig. Er entwickelt großen Charme, wenn ihm Menschen wichtig sind, aber kränkt selbst Nahestehende immer wieder absichtlich und grausam. Sanssouci sieht viele Gäste, aber wirkliche Vertraute besitzt Friedrich nicht. Er steht früh auf, fast noch in der Nacht, arbeitet mehrere Stunden, frühstückt, liest, musiziert, arbeitet wieder.

Die Leibeigenschaft schafft er ab, durchsetzen kann er dies allerdings nur auf den königlichen Domänen. Die Inspektionsreisen des »Alten Fritz«, wie er jetzt immer häufiger genannt wird, auf denen er sich selbst um Kleinigkeiten persönlich kümmert, werden zur Legende. Die gesamte Verwaltung von Armee und Staat ist darauf zugeschnitten, in den Händen eines einzigen Mannes zu liegen. Kein Minister überblickt mehr als den eigenen engen Geschäftsbereich. Bei jedem Herrscher, der weniger begabt oder willens ist, sich intensiv auch um das Kleinste selbst zu kümmern, muss dieses System versagen. Und der Nachfolger ist nicht aus gleichem Holz geschnitzt wie der große König.

Friedrich bleibt die Ausnahmeerscheinung unter Preußens Herrschern. Ein Intellektueller auf dem Thron. In der Verwaltung des Staates führt er fort, was sein Vater, der Soldatenkönig, aufgebaut hat. Er vollendet den Rechtsstaat, in dem jeder ohne Ansehen der Person juristisch durchsetzen kann, was ihm laut Gesetz zusteht. Im Gegensatz zu Friedrich Wilhelm I. aber verfügt Friedrich der Große über den kalten strategischen Blick, er versteht, Staat und Heer auf der politisch-militärischen Bühne seines Jahrhunderts erfolgreich einzusetzen.

1786 stirbt er, 74 Jahre alt, in Sanssouci. Noch einmal hat es in den Jahren zuvor Krieg gegeben, Österreich hat die Hand nach Bayern ausgestreckt. Schon hier bemerken erfahrene Beobachter, dass Friedrichs Armee nicht mehr jene ist, die bei Leuthen oder Torgau so bravourös gefochten hat. Reformen wären nötig. Und nicht nur in der Armee.

AUSFLUG   Friedrich II. als Kronprinz

Das Berliner Schloss, in dem Friedrich geboren wurde, die Festung Küstrin, die sein Gefängnis war und sein Bildungsort wurde und das braunschweigische Lustschloss Salzdahlum, wo er Elisabeth Christine heiratete, sind zerstört (das Gehöft im hessischen Steinsfurt immerhin, Schauplatz seines halbherzigen Fluchtversuchs, ist heute Museum). Auch das Potsdamer Stadtschloss, Ort vieler Demütigungen des jungen Prinzen durch den Vater und später Friedrichs Winterquartier, existiert nicht mehr. Der Lustort des Vaters, Königs Wusterhausen, war für Friedrich immer Ort der »peinlichste(n), unerträglichste(n) und traurigste(n) Lage«. Erhalten ist bis heute auch der Ort jener schauerlichen Kriegsgerichtsverhandlung über den fahnenflüchtigen Prinzen: der Wappensaal im Schloss Köpenick.

Immerhin kann man zwei Schauplätze glücklicherer Jugendjahre besuchen, Neuruppin und Rheinsberg.

■ **Neuruppin.** Weit weg von Potsdam und vom Vater war der Kronprinz hier ab 1732 als Obrist eines Regimentes zum ersten Mal sein eigener Herr. Die alte Stadt, wie Friedrich sie einst kannte, brannte 1787 fast völlig ab, das einfache Haus, das ihm als Quartier gedient hatte, gibt es nicht mehr. Ein Stück Stadtmauer, in dem man noch die Pforte erkennt, durch die der junge Kommandeur in seinen Garten auf den Wällen gelangte, hat sich jedoch erhalten. Dort steht auch das erste Gebäude, das Friedrich errichten ließ: ein runder Apollo-Tempel von 1735, Ort der Geselligkeit und musikalischer Aufführungen im Kreis der Offiziere. Er war zugleich das erste Werk des Freundes und Architekten Wenzeslaus von Knobelsdorff.

Landkreis Ostprignitz-Ruppin

■ **Rheinsberg.** Bereits 1734 kaufte der Soldatenkönig den alten Adelssitz für den Sohn, denn das Kronprinzenpaar brauchte eine eigene Hofhaltung. Bezahlt wurde Rheinsberg zu zwei Dritteln vom Vater, zu einem Drittel aus der Mitgift Elisabeth Christines.

Das Schloss bestand damals aus einem mittelalterlichen Turm, »Klingenberg« genannt, einem Gutshaus und Nebengebäuden im Renaissancestil. Friedrich Wilhelm beauftragte den kurmärkischen Landbaumeister Johann Gottfried Kemmeter mit einem Umbau bei höchster Sparsamkeit. Kemmeter fügte Turm und Haus jeweils ein gleichartiges Gegenstück zu und verband Alt mit Neu durch einen Mitteltrakt samt bescheidenem Portal. Auf der Seeseite verlief zwischen den beiden Türmen eine Kolonnade.

Das Kronprinzenpaar bezog im August 1736 noch eine Baustelle, ein Jahr darauf übernahm Knobelsdorff die Bauleitung. Ihm hatte Friedrich eigens eine Italienreise bezahlt, damit er sich dort umsehen konnte. Vom Architektenfreund stammen neben Details der Fassaden vor allem die Innenausstattungen der Räume. Viel davon wurde später verändert.

Aus der Bauzeit hat sich der Spiegelsaal erhalten, frühestes Beispiel dafür, wie Friedrich das Innere seiner Schlösser sehen wollte. Das Licht der Rheinsberger Landschaft, reflektiert vom See vor dem Fenster, wird durch Spiegel verstärkt. Ein Deckengemälde von Antoine Pesne, »Der Tag vertreibt die Finsternis«, wurde gern als gemalte Hoffnung auf den eigenen Regierungsantritt gedeutet. Allerdings zeigt noch die für den alten Friedrich entworfene Decke in der Marmorgalerie des Neuen Palais in Potsdam ein ähnliches Thema. Ein kleines Turm- oder Bacchuskabinett bietet ebenfalls noch den Eindruck von 1739/40, auch hier stammt das Deckengemälde »Ganymed wird von Hebe im Olymp empfangen« von Pesne, ebenso das in der Vorkammer auf der anderen Seite des Saales (»Liebesgötter spannen Tauben vor den Wagen der Venus«).

Die vier Rheinsberger Jahre hat der alte König später als die schönsten seines Lebens bezeichnet. Etwa 40 Personen umgaben ihn und seine Gemahlin damals, ohne Hofetikette ging man seinen Vergnügungen nach.

Nach 1740 war Friedrich nur noch einmal in Rheinsberg, er schenkte den Besitz seinem Bruder Heinrich, der die beiden quadratischen Eckpavillons hinzufügen ließ (die heute das Bild prägenden Spitzdächer der Türme sind noch jünger). Rheinsberg wurde unter Heinrich eine Art Gegenhof zu Friedrichs Sanssouci. Er lud gern Kritiker des königlichen Bruders ein. Den von diesem nach seiner Meinung zu Unrecht gemaßregelten Generalen der königlichen Feldzüge hat er im Park ein Denkmal gesetzt.

Landkreis Ostprignitz-Ruppin · 16831 Rheinsberg, Mühlenstraße 1 Tel. 033931/7260 · www.spsg.de und www.rheinsberg.de

IN BERLIN   ## Friedrich II. als König

■ **Friedrichs Wohnungen im Schloss Charlottenburg.** Das heitere Schloss seiner Großmutter inmitten einer anmutigen Spreelandschaft vor den Mauern der Hauptstadt fand Friedrich wesentlich anziehender als Schlüters dunklen Berliner Bau. Gleich nach Regierungsantritt ließ er von Knobelsdorff im Osten einen neuen zweistöckigen Flügel anfügen. Zwei damals für Friedrich in Charlottenburg eingerichtete Wohnungen haben sich erhalten.

Zur ersten von 1742 gehört die Versilberte Kammer (in seinen jungen Jahren hatte Friedrich für diese Farbe eine besondere Vorliebe), in der Bibliothek stehen die Werke antiker Geschichtsschreiber (auf Französisch), Memoiren und Frankreichs Klassiker in nüchternen Schränken vor zartgrünen Wänden, einer anderen Lieblingsfarbe Friedrichs. Hier findet man auch eine kleine Sammlung der berühmten Tabaksdosen aus sehr wertvollen Materialien.

Die zweite Wohnung ist vor allem wegen ihrer Rokoko-Gemälde bemerkenswert, darunter Jean Antoine Watteaus »Einschiffung nach Kythera« und im Musikzimmer »Das Firmenschild des Kunsthändlers Gersaint«, eines der Hauptwerke des Malers. In der Schlafkammer des Königs hängt

Die um 1780 errichtete Königliche Bibliothek, von den Berlinern »Kommode« genannt, war Teil des Forums Fridericianum.

das lebensgroße Porträt der Tänzerin Barbarina (gemalt vom Hofmaler Antoine Pesne), für die Friedrich eine (Theater-) Leidenschaft hegte. Eindrucksvoller als Friedrichs Wohnung ist hier der Weg dorthin. Er führt durch den »Weißen Saal« und die 42 Meter lange »Große Galerie«, die zu den schönsten Raumschöpfungen in Friedrichs Schlössern zählen: durch Spiegel und zwei Reihen riesiger Fenster sind sie lichtdurchflutet, Spiegel und Blumenranken aus Stuck lassen Innen und Außen eins werden.

Im Blauen Atlaszimmer zeigt eine Sammlung von Bildnissen die Hofdamen Elisabeth Christines, der Frau Friedrichs des Großen.

14059 Berlin; Spandauer Damm 20–24 · Tel. 030/320 91–440 www.spsg.de

■ Forum Fridericianum. Gleich nach dem Regierungsantritt begannen die Arbeiten dafür am östlichen Ende der Lindenallee: Ein neues Schloss (das Prinz-Heinrich-Palais, später schenkte er es dem Bruder), ein Opernhaus, das Gebäude für die Akademie, eine katholische Kirche (Symbol der Toleranz) und eine Bibliothek sollten um einen Platz herum entstehen. Zuerst wurde die Oper fertig, es folgten das Schloss, wesentlich später die Hedwigskirche und die Bibliothek, kurz vor Friedrichs Tod. Das Forum Fridericianum war eine Art steinernes Regierungsprogramm des Philosphen Friedrich.

10117 Berlin, Unter den Linden, Bebelplatz

■ Die Türme vom Gendarmenmarkt. Die bescheidenen Gotteshäuser der deutschen und der französischen Friedrichstadt-Gemeinde wurden durch die Türme Carl von Gontards zu »Domen« (1780–85) erweitert. Während des Baus stürzte der Turm der deutschen Kirche ein und musste in leichterer Bauweise erneuert werden. Dem König, dessen Vater bereits die Silhouette Berlins durch zahlreiche Turmbauten erweitert hatte, ging es allein um die Wirkung im Stadtbild.

10106 Berlin, Gendarmenmarkt

■ Das Reiterstandbild Unter den Linden. Als das Denkmal 1851 eingeweiht wurde, ging eine fast 50 Jahre dauernde Auseinandersetzung darüber zu Ende, wie der große König angemessen zu ehren sei. Alle namhaften Bildhauer der Zeit bewarben sich mit Entwürfen um die Aufgabe. 1839 erhielt Christian Daniel Rauch den Auftrag. Er stellte Friedrich nicht im klassizistischen Stil als antiken Helden dar – wie es Schlüter mit dem Großen Kurfürsten getan hatte –, sondern zeigt den König realistisch in historisch verbürgter Uniform zu Pferde sitzend. Im Übrigen orientierte er sich durchaus an Schlüters großem Vorbild: Auch den Sockel von Friedrichs Reiterstandbild schmücken historische und allegorische Plastiken.

10117 Berlin, Unter den Linden

■ **Schloss Schönhausen** (vorübergehend hieß es Niederschönhausen, wie der Stadtbezirk). Das einstige Rittergut der Familie von Dohna wurde ab 1693 durch Johann Arnold Nering für Kurfürst Friedrich III. ausgebaut, nach 1794 durch Eosander von Göthe zum Schloss mit drei Flügeln erweitert und erneut nach dem Siebenjährigen Krieg durch Jan Boumann umgebaut. Ein halbes Jahrhundert lang, von 1740 bis zu ihrem Tod 1797, war es Residenz und Verbannungsort von Königin Elisabeth Christine, der Gemahlin Friedrichs. Die Gatten sahen einander nur jedes Jahr einmal aus Anlass der winterlichen Ballsaison. Im Schloss – eine Zeit lang war es Gästehaus der DDR-Regierung – gibt es sonntags Führungen.

13156 Berlin, Tschaikowskistraße 1 · Tel. 030/445 21 21

AUSFLUG Schloss Sanssouci in Potsdam

■ **Friedrichs Grab.** Seit 1991 ruht Friedrich II. hier auf der Terrasse seines Sommerschlosses, neben den Gräbern seiner Hunde, so wie er es ursprünglich verfügt hatte. Zunächst hatte ihn sein Nachfolger jedoch in der Potsdamer Garnisonkirche bestatten lassen. Im Zweiten Weltkrieg dann war der Sarg auf die schwäbische Stammburg der Hohenzollern gebracht worden.

■ **Schloss Sanssouci.** Wenzeslaus von Knobelsdorff entwarf den Bau 1745 für den König. Die Hauptfront des Schlosses weist zum Weinberg hin, der zu einem stilisierten Weinberg

umgestaltet wurde, mit Glashäusern für Feigen- und Orangen-
bäume. Auch das Gebäude selbst erinnert mit den boden-
tiefen Fenstern an Orangerien.

Die Raumfolge war ganz auf einen Tagesablauf ohne jegliches
Zeremoniell abgestimmt: Ein im Sommer angenehm kühler
Marmorsaal für die Tafel, ein Empfangsraum, ein Musikzim-
mer, ineinander übergehend Arbeits- und Schlafräume und
– am östlichen Endpunkt – die Bibliothek mit gerundeten
Wänden.

Arbeits- und Schlafzimmer wurden nach dem Tod des Königs in klassizistischem Stil umgestaltet. Immerhin stehen hier
aber noch Friedrichs Schreibtisch und ein Dokumenten-
schrank mit Uhr. Vor allem auch jener breite Sessel, in dem der
König am 17. August 1786, morgens kurz vor halb drei gestorben ist; wegen Atemnot hatte Friedrich bereits seit Wo-
chen nicht mehr liegen können.

Die Räume Friedrichs des Großen gehören zu den wohl berühmtesten Schlossinterieurs in Deutschland. Die im 19. Jahrhundert entstandenen Gemälde Adolf von Menzels wie
»Tafelrunde« oder »Flötenkonzert«, auf denen diese Räum-
lichkeiten zu sehen sind, waren als Stiche und Buchillustra-
tionen mehr als ein Jahrhundert lang ungeheuer populär,
auch das Bild des im Sessel sterbenden Königs hing in zahlreichen deutschen Wohnstuben.

■ **Bildergalerie.** Die neben Sanssouci liegende Bildergalerie
entstand in den Jahren 1755 bis 1763. Wenn der König von
den Schlachtfeldern des Siebenjährigen Krieges nach Hause
zurückkehrte, konnte er den Baufortschritt feststellen. Architekt war Landbaumeister Johann Gottfried Büring, Knobelsdorff lebte nicht mehr. Die Galerie gehört zu den ältesten
Museumsbauten, die bis heute dieser Funktion dienen. Für
Friedrich war die Sammlung Prestigeobjekt, er folgte dem
Beispiel anderer Herrscher. Bei den Käufen – nicht immer waren Bilder und Skulpturen wert, was man ihn bezahlen ließ –
orientierte er sich an den Urteilen der damaligen Autoritä-
ten, den verschiedenen Malakademien. Historische Motive
der Renaissance und des Barock überwiegen. Ein großer Teil
der Bilder – einiges kam vor und nach 1945 abhanden –
hängt inzwischen wieder wie zur Zeit Friedrichs, entspre-

chend dem Geschmack jener Zeit: Gemälde, Rahmen und Raum bilden eine Einheit. Der große überkuppelte Saal erstrahlt seit einiger Zeit wieder in den restaurierten Originalfarben, besonders prachtvoll ist der gelb-weiße Marmorfußboden.

■ **Das Neue Palais im Park von Sanssouci.** Der neue Palast im Park von Potsdam war Friedrichs größtes Bauprojekt. Anders als im intimen Sanssouci sollte sich hier eine repräsentative (politisch notwendige) Hofhaltung entfalten.

Der dreiflügelige Bau (1763–69, geplant von Johann Gottfried Büring, fertig gestellt von Carl von Gontard) wird von einer Kuppel gekrönt, auf der drei weibliche Figuren (die drei Grazien der Mythologie) unter Preußens Königskrone tanzen. Man hat das immer wieder gern als plastischen Ausdruck eines Spottes des bösen alten Friedrichs über seine drei weiblichen Widersacherinnen gedeutet, die Kaiserin Österreichs, die Zarin Russlands und die Mätresse des französischen Königs.

Eigentlich war die Zeit des Rokoko vorüber, doch ließ Friedrich II. Carl von Gontard in den fast 100 Räumen den Stil seiner Jugendjahre ergänzt durch einzelne klassizistische Zutaten noch einmal üppig verwirklichen. Eine Besichtigung wird so zur Reise in die Welt des alternden Königs, und sie zeigt, wie leistungsfähig inzwischen das Berliner und Potsdamer Kunsthandwerk geworden war. In vielen Räumen stehen noch die Möbel, die einst dafür entworfen wurden, dieselben Porzellane und Gemälde schmücken Konsolen und Wände und sogar Möbelstoffe und Tapeten haben sich oft erhalten oder wurden nachgefertigt.

Vom Vestibül trat man einst in den Grottensaal mit einer Imitation einer Wasser- und Sagenwelt, von dort erstreckte sich rechterhand die gewaltige Marmorgalerie, deren bodentiefe Parkblicke von Spiegeln zurückgeworfen wurden, Außen und Innen, Natur und Kunst sollten einander durchdringen.

■ **Wohnung Friedrichs im Neuen Palais.** Friedrich ließ sich seine Wohnung im südlichen Seitenflügel einrichten, sie schließt sich an den Marmorsaal an (die Besichtigung erfolgt aber separat). Zwar gingen viele der Ausstattungsstücke

1945 verloren, sie konnten jedoch häufig durch Möbel aus dem – abgerissenen – Stadtschloss in Potsdam ergänzt werden, dessen Atmosphäre so wenigstens in einigen Details noch aufscheint.

Vom Marmorsaal aus gelangt man zunächst in einen Vorraum, die Blaue Kammer. Wie heute vielleicht teure Bildbände in Wartezimmern von Privatpraxen, sollte damals in den Vorzimmern das Betrachten wertvoller Gemälde die Zeit verkürzen, hier unter anderem eine Krippenszene von Peter Paul Rubens und Anton van Dyck. Wie lange man gewartet hatte, zeigte eine Flötenspieluhr (die älteste der berühmten Berliner Flötenuhren Carl Ludwig Bauers), die Möbel wurden von Melchior Kambly gefertigt, einem vielseitigen Berliner Kunsthandwerker, dessen Werkstatt jahrelang für das Neue Palais gearbeitet hat. Die Polstermöbel stammen aus dem abgerissenen Potsdamer Stadtschloss.

Auf die Blaue folgt die Fleischfarbene Kammer, ein zweites Vorzimmer. Die ursprüngliche Einrichtung ist verloren, dafür sieht der Besucher jene, die Johann August Nahl 1746 für das Potsdamer Stadtschloss schuf. Im Konzertzimmer steht ein Hammerklavier Gottfried Silbermanns. Das Arbeitszimmer sieht noch aus wie zu Zeiten des Königs, mit Porzellanen der Berliner Manufaktur, einer Prunkkommode von Heinrich Wilhelm Spindler u.a. Es folgen Schlafzimmer und Schreibkabinett und das Speisezimmer, noch mit den ursprünglichen Möbeln und Ausstattungen aus dem 18. Jahrhundert. Im letzten Raum befindet sich eine Bibliothek Friedrichs.

14469 Potsdam, Schlosspark Sanssouci · Tel. 03 31/969 42 02
www.spsg.de

AUSFLUG   **Friedrich II. als Regent**

■ **Weberkolonie in Kloster Zinna.** Unmittelbar an der damaligen Grenze zu Sachsen (das nahe Jüterbog schon gehörte vor 1815 nicht mehr zu Preußen), ließ der König nach dem Siebenjährigen Krieg für angeworbene sächsische Weber 1764–77 eine Siedlung bauen. Die gleichartigen Häuser, das rechtwinklige Straßenraster, hervorgehobene Gebäude wie der Gasthof und das »Fabriquenhaus« haben sich bis heute erhalten. In der einstigen Försterei (heute Hotel »Alte Försterei«) gab es einen Innenraum (heute Gastraum), der für hohen Besuch hergerichtet war und unter anderem eine bemalte Wandbespannung enthielt, die heute in Berlin, im Schloss Friedrichsfelde gezeigt wird.

In Zinna kann man das älteste Zisterzienserkloster auf brandenburgischem Boden besuchen (siehe Seite 14).

Landkreis Teltow-Fläming · 14913 Kloster Zinna, Berliner Straße 72 Tel. 033 72/43 27 39 · www.weber-museum.de

■ **Aufklärung und Pietismus in Preußen.** Friedrich Eberhard von Rochow ließ 1773 auf seinem Besitz Reckahn eine Schule bauen, in der nach den damals modernsten pädagogischen Erkenntnissen unterrichtet wurde. Gleichzeitig entwarf er ein Lesebuch, den »Kinderfreund«. Generationen von Kindern lernten nach dem immer wieder neu aufgelegten und vielerorts nachgedruckten Werk. Rochow bot darin lebenspraktischen Rat und Anleitung zu einem christlich-moralisch ausgerichteten Leben. Das Unternehmen erregte in Deutschland und Europa Aufsehen. Mehr als tausend Besucher kamen bereits zu Lebzeiten des Gutsherrn nach Reckahn, um sich die Schule und die Agrarreformen des Gutsherren anzusehen. Heute beherbergt der Bau ein Schulmuseum, und im Schloss informiert eine Ausstellung über das Werk Rochows. Reckahn ist besonders für Ausflüge mit Kindern geeignet.

Landkreis Potsdam-Mittelmark · 14797 Kloster Lehnin, Ortsteil Reckahn · Tel. 03 38 35/60 88 70 (Schulmuseum), 03 38 35/606 72 (Rochow-Museum) · www.reckahn.de

Niederlage, Reform, Befreiung: Wie man sich am abgeschnittenen Zopf aus dem Sumpf zieht

Napoleon unterjocht Preußen. Das ersetzt durch Einfallsreichtum, was ihm an Macht fehlt. Deutschlands Einheit wird zur Idee, eine Königin zur Legende und Preußen zum Schluss ganz schön groß.

Beim Tod Friedrichs II., 1786, ist überall Stagnation zu spüren. Kaum einer trauert um den großen König. Alle Hoffnungen ruhen auf dem populären Nachfolger, seinem Neffen, einem jovialen, groß gewachsenen Prinzen, der gut Cello spielt, das Leben liebt und die Leute nicht mehr distanziert »Er« nennt wie Friedrich, sondern alle ganz bürgerlich mit »Sie« anspricht.

Preußen lässt sich nur noch mühsam auf die alte Art regieren, mit den neuen polnischen Gebieten seit 1772 ist es dafür zu groß geworden. Vor allem aber: Der Staat des Soldatenkönigs und Friedrich des Großen kennt nur passive Untertanen, die gehorchen müssen – vorgeblich zu ihrem eigenen Besten. Aber die Welt beginnt sich zu ändern, ein selbstbewusstes Bürgertum sorgt überall dafür. In Preußen geht das nur langsam.

Friedrich Wilhelm II. reformiert: Der alte König hatte die Verbrauchssteuern durch die »Regie« einziehen lassen, halb Zoll, halb Steuerfahndung, von Franzosen betrieben und bei jedermann verhasst. Der neue Regent schafft diese »Kaffeeschnüffler« ab. Er nimmt auch der Familie Splittgerber das Zuckermonopol und hebt das Tabakmonopol auf. Monopole waren ein beliebtes Steuerungsinstrument des Onkels, inzwischen aber hemmen sie Handel und Wirtschaft. Wie sein Vorgänger verbessert Friedrich Wilhelm II. das Los der erbuntertänigen Bauern (vier Fünftel der Landbevölkerung) weiter und wie dem Onkel gelingt ihm das nur auf den königlichen Domänen.

Manches, was Friedrich schon vorbereitet hatte, bringt der Nachfolger zum Abschluss. So werden in allen Landesteilen Lehrerseminare gegründet. Ab 1789 muss, wer auf die Universität

Carl von Gontard erbaute für Friedrich Wilhelm II. das Marmorpalais am Heiligen See in Potsdam, im Vordergrund das Küchengebäude.

Preußenkönig Friedrich Wilhelm II., er regierte nur elf Jahre.
Gemälde von Frédéric Reclam; Berlin, Schloss Charlottenburg.

will, zuvor ein Schulexamen ablegen, das Abitur. Eine Tierarz-
neischule wird ebenso ins Leben gerufen wie Akademien für
die Artillerie und die Ingenieure des Heeres (Friedrich hatte für
beide Truppen nicht viel übrig).
Der Armee werden auch endlich die berüchtigten gewaltsamen
»Werbungen« völlig verboten. Unmittelbarer Erfolg dieser An-
ordnung: Weniger Soldaten desertieren. Kasernen werden errichtet und befreien viele Bürger von den lästigen Einquartie-

rungen. Den Soldaten wird der Sold erhöht, die Invaliden der Kriege werden besser versorgt, für Offizierswitwen entsteht eine Pensionskasse.

Preußens schlechte Straßen sind ein Ärgernis. Der alte König hatte geargwöhnt, gute Wege würden nur den Feind ins Land ziehen. Lediglich Schlesien kannte gut ausgebaute Militärstraßen. Sein Neffe verbindet 1792 Berlin und Potsdam mit der ersten »Chaussee« (= gewölbtes Profil, Regengräben links und rechts) in Preußen und plant ein ganzes System weiterer.

Im Februar 1794 tritt das Allgemeine Preußische Landrecht in Kraft, als einheitliches Gesetzbuch für den gesamten Staat Preußen. Ein Vorhaben des Onkels, das Friedrich Wilhelm II. mit Energie zum Abschluss bringt. Er versieht es allerdings mit eigenen, konservativen Akzenten.

Die Veränderungen reichen weit über Verwaltung und Armee hinaus, sie werden vor allem im Leben der Residenzen spürbar: Der »Alte Fritz« hatte bis zuletzt ausschließlich französische Literatur gelesen, französische und italienische Opern aufführen lassen, die offizielle Kultur war um 1740 stehen geblieben. Jetzt spielt die königliche Oper endlich Christoph Willibald Gluck und Wolfgang Amadeus Mozart. In Berlin wird 1791 die Singakademie gegründet.

Auch Bauten zeigen Neues: Berlins Akzisemauer erhält am Ende der Linden durch Carl Gotthard Langhans mit dem Brandenburger Tor einen prachtvollen Eingang in klassizistischen Formen. Durch eine Doppelreihe antiker Säulen betritt der Besucher jetzt die Hauptstadt. Aber vor allem baut Langhans dem König Aufführungsräume: Schloss Charlottenburg wird durch einen Theateranbau ergänzt, im Berliner Schloss ein Konzertsaal eingerichtet. Gleichen Zwecken dient auch der prächtigste Raum in Friedrich Wilhelms eigenem neuen Schloss, dem Potsdamer Marmorpalais. Auf Berlins Gendarmenmarkt entsteht (wie auch in Potsdam) ein Schauspielhaus »für das Vergnügen der Einwohner«. Man spielt Friedrich Schiller und Gotthold Ephraim Lessing, Berlin wird nicht nur Musik- sondern auch Theaterstadt.

Außenpolitisch versucht Friedrich Wilhelm II., die Isolation Preußens zu durchbrechen. Er nähert sich Österreich an, vor allem nachdem die Revolution in Frankreich 1789 die alte Ordnung in Europa bedroht. Im Spätsommer 1792 marschieren 42 000 Preußen und 12 000 Österreicher in Frankreich ein. Auf dem

Im Pfaueninsel-Schlösschen, errichtet für Friedrich Wilhelm II. und seine Geliebte, hielten sich auch sein Nachfolger und Luise gern auf.

Weg nach Paris können mehrere Festungen genommen werden, aber die Schlacht am 20. September bei dem Dorf Valmy geht unentschieden aus. Der Oberbefehlshaber, der alte Herzog von Braunschweig, fällt dem angriffswilligen, an der Spitze der Kavallerie reitenden König in den Arm. Nach ergebnislosem Artilleriegefecht (»Kanonade von Valmy«) tritt man den Rückzug an. Europa begreift: Selbst die beste Armee kann gegen eine zwar schlecht ausgebildete, aber von der eigenen Sache begeisterte Truppe nichts ausrichten. Johann Wolfgang Goethe, Begleiter des Feldzugs, kommentiert: »Von hier und heute geht eine neue Epoche der Weltgeschichte aus.«

Preußen und Österreich kämpfen im Rheinland und in den Niederlanden noch eine Weile gegen immer selbstbewusstere französische Revolutionsheere. Frankreich erhebt seit Neuestem Anspruch auf alles Land links des Rheins, von Holland bis zur Pfalz. Letztlich können die deutschen Mächte die alten Reichsgrenzen nicht verteidigen, weil sie uneins sind.

Als Friedrich Wilhelm im Frühjahr 1795 in Basel mit dem revolutionären Frankreich Frieden schließt, wird er in Deutschland als Verräter geschmäht – aber seine Kassen sind leer, die Lasten von zwei Jahren Krieg hat Preußen weitgehend allein getragen.

Im Osten wird inzwischen der Staat Polen gänzlich aufgelöst: Russland, Österreich und – als Juniorpartner – Preußen teilen das Land unter sich auf. Preußen wird zu einem Staat, dessen Bevölkerung fast zur Hälfte Polnisch spricht, die Zahl seiner Einwohner steigt von gut fünf auf fast neun Millionen.

Friedrich Wilhelm II. stirbt bereits 1797. Der elf Jahre zuvor so freudig begrüßte und beliebte König ist längst unpopulär. Aus Geldmangel hat er das verhasste Tabakmonopol erneut eingeführt. Die Menschen machen für die Finanzmisere nicht den Krieg verantwortlich, sondern die angebliche Verschwendungssucht der königlichen Mätresse Gräfin Lichtenau.

Auch die Geschichtsbücher wissen lange wenig Gutes über Friedrich Wilhelm II. zu berichten, charakterisieren ihn als einen vergnügungssüchtigen Faulpelz, der windigen Ministern vertraut habe, die den Abergläubischen mit Geistererscheinungen geängstigt und gelenkt hätten. Dieser bigotte Anti-Aufklärer habe im zuvor so aufgeklärten Preußen die Zensur wieder eingeführt und sei haltlos jedem Frauenrock hinterher getaumelt. Die drei Nebenfrauen (und zahllose Geliebte) stehen außer Frage, das Abergläubische seines Wesens auch. Aber Friedrich Wilhelm II. hat gar nicht so sehr viel anders regiert als zuvor sein Onkel: immerhin einigermaßen arbeitsam und »aus dem Kabinett heraus«. Er hat versucht zu ändern, wo es erforderlich schien. Seine Minister haben ihre Ressorts keineswegs verantwortungslos verwaltet. Und was die Zensurfreiheit unter Friedrich II. angeht, hatte diese, so der Aufklärer Gotthold Ephraim Lessing, hauptsächlich darin bestanden, dass jeder nach Belieben über die Religion spotten durfte, bei anderer Kritik aber konnte der König ungemütlich werden. Nach dem Empfinden Friedrich Wilhelms hat der Zynismus des Onkels 46 Jahre lang sozusagen von Staats wegen ein Vakuum der Werte geschaffen.

Jetzt, in Krisenzeiten nach der Französischen Revolution, beginnt dies für einen Staat wie Preußen, der von der Loyalität seiner Bauern, Bürger und Soldaten lebt, bedrohlich zu werden. Der Sohn des Königs, Friedrich Wilhelm III., der 1797 die Regierung antritt, wird vor Katastrophen und Umbrüche gestellt, wie keiner seiner Vorgänger seit dem Dreißigjährigen Krieg. Nicht immer zeigt er sich diesen Situationen gewachsen. Er bleibt ein scheuer Zauderer (»des Königs liebste Zeit ist die Bedenkzeit«), der Konflikten möglichst aus dem Weg geht. Dafür ist er gradlinig, integer und voll guten Willens.

König Friedrich Wilhelm III.
auf einem Gemälde von Wilhelm
von Schadow, 1810; Berlin,
Schloss Charlottenburg.

Luise, Königin von Preußen,
auf einem Gemälde von Joseph
Grassi, 1802; Berlin, Schloss
Charlottenburg.

In langen 43 Regierungsjahren definiert er Preußens Königtum neu, wirkt stilbildend auf die Nachfolger. Wie auch seine Vorfahren ist er zum Offizier erzogen worden und trägt für gewöhnlich Uniform. Sein Familienleben aber gleicht einem bürgerlichen Idyll. Demonstrativ sparsam bleibt er im Kronprinzenpalais wohnen und zieht nicht ins Berliner Schloss. Gegenüber Untergebenen und Leuten aus dem Volk ist er überaus freundlich. Als eigenartig empfinden seine Zeitgenossen Friedrich Wilhelms Sprechweise: abgehackt, direkte Anreden vermeidend und das Verb möglichst in der Infinitivform. »Unfug nächstes Mal sein lassen, bitte mir aus!«, so etwa lauten königliche Sätze.

Seit 1793 ist Friedrich Wilhelm mit Luise aus dem Haus Mecklenburg-Strelitz verheiratet. Die gerade Siebzehnjährige sorgt schon bei ihrer Ankunft in Berlin für Aufsehen, als sie völlig etikettewidrig ein kleines Mädchen küsst, das ihr Blumen überreicht. Luise ist zwar ohne große Bildung und auf ein Leben als Königin nicht vorbereitet, aber sie gewinnt durch ihre Unbefangenheit und ihr Gespür die Herzen aller. Sie bringt 14 Kinder zur Welt, nimmt an der Seite des Königs am öffentlichen Leben teil, und der gehemmte Monarch überlässt ihr in Gesellschaft gern die Konversation.

Unter Luise löst der anfangs als anstößig – der Herr hält die Dame im Arm! – empfundene Walzer die höfischen Contretänze ab,

die Hosen Friedrich Wilhelms III. gehen nicht mehr am Knie in sei-
dene Strümpfe über, wie im 18. Jahrhundert, sondern fallen bis
auf die Schuhe. Und: der gepuderte Zopf wird abgeschnitten,
man trägt das Haar jetzt ungepudert und kurz.

Man lässt sich in Paretz ein Dorf zum königliches Gutsdorf umbauen und lebt dort »einfach«, feiert dörfliche Feste in der Hof-
gesellschaft und spricht ungezwungen mit den Bewohnern. Ein
königliches Paar, das sich sichtlich zugeneigt ist und miteinander
in Eintracht lebt, so etwas hat es in Preußen noch nie gegeben.

Der Baseler Sonderfrieden mit Frankreichs Revolutionären von
1795 verschafft Preußen Ruhe hinter einer vereinbarten De-
markationslinie. Als Friedrich Wilhelm III. an die Regierung
kommt, beginnt in Frankreich gerade der steile Aufstieg Napoleon Bonapartes vom General zum Beherrscher Europas. Das
alte Heilige Römische Reich Deutscher Nation löst sich unter
Napoleons Druck auf, in Italien entstehen neue Staaten von
Frankreichs Gnaden. Auf den Meeren kämpft Frankreich mit
England um die Vorherrschaft. Während die politische Landkarte Europas in Stücke gerissen und neu zusammengesetzt
wird, lebt man im Norden ganz friedlich, gewissermaßen im toten Winkel der Geschichte.

In den zehn Jahren, die der Frieden dauert, blühen Literatur und
Philosophie. Deutschland wird zum »Land der Dichter und Den-
ker« (Madame de Staël). Die Dichtung der Klassik und die Philosophie des Idealismus befinden sich auf dem Höhepunkt, die
frühe Romantik als Gegenbewegung meldet sich zu Wort.
Wichtige Orte sind das Weimar Goethes, Königsberg, wo der
Philosoph Immanuel Kant lehrt, und Berlin.

In Preußen gehen währenddessen die Reformen bedächtig weiter. Sie sollen, so wird es einmal gesagt, gewissermaßen »Revolution von oben« bringen: bürgerliche Freiheiten bei monarchischer Regierungsform. Nicht einmal die Armee Friedrichs des
Großen wird von Neuerungen ausgenommen. Bereits der Vater, Friedrich Wilhelm II., hatte eine Reformkommission berufen, nachdem bei der Besetzung Polens 1793 Mängel sichtbar
geworden waren. Jetzt, 1801, holt man den genialen Theore-
tiker Gerhard Johann David Scharnhorst als Direktor der neuen
Militärakademie nach Berlin. Die Offiziere sollen zum »Selbst-
denken« erzogen werden. Aber Friedrich Wilhelm III. wagt es
nicht, grundlegende Maßnahmen gegen die selbstsicheren

Hüter der friderizianischen Armee durchzusetzen und schon gar nicht, sie etwa durch jüngere Offiziere zu ersetzen. Unter dem Kommando von Greisen zieht Preußen dann in den Krieg.

Der sieht inzwischen ganz anders aus als zu Zeiten des Alten Fritz. Jeder kann in den Zeitungen lesen, wie es bei den Franzosen zugeht: Das – begeisterte – Volk greift zu den Waffen, Offizier wird, wer sich als tüchtig erweist. Man marschiert nicht mehr in geschlossenem Block aufs Schlachtfeld, sondern in offener Schützenlinie und nutzt die Deckungsmöglichkeiten im Gelände. Statt langwierig Magazine anzulegen, requiriert man die Verpflegung, und statt taktischer Geplänkel sucht Napoleon stets die »Entscheidungsschlacht«.

Die kommt im Herbst 1806. Es gibt keinen zwingenden Grund für diesen Krieg, Preußens König schliddert hinein. Napoleon glaubt – fälschlicherweise –, Preußen plane mit Russland einen Angriff. Es folgen Ultimaten, die Kriegserklärung. Preußen steht praktisch allein, unterstützt nur von Sachsen, Braunschweig und Sachsen-Weimar.

Gleich im ersten Feindkontakt bei Saalfeld am 10. Oktober fällt der populäre Prinz Louis Ferdinand. Ein schlechtes Omen. Vier Tage später schlägt Napoleon die preußische Nachhut bei Jena (die Reserve greift zu spät ein) und am gleichen Tag wird das Hauptheer bei Auerstädt von Marschall Davout besiegt. Preußens greiser Oberbefehlshaber, der Herzog von Braunschweig, wird früh verwundet, und der König wagt nicht, das Kommando selbst zu übernehmen. Es folgt eine panikartige Flucht. Preußens Festungen öffnen dem Feind ohne Not die Tore (eine der wenigen Ausnahmen: Kolberg unter Gneisenau). Am 27. Oktober des Unglücksjahres 1806 zieht der französische Kaiser in Berlin ein.

König und Königin fliehen nach Ostpreußen. Man verbündet sich mit Russland, das sich aber gegen Napoleon nicht behaupten kann und im Juli 1807 in Tilsit Frieden schließt: Nur um ein Haar entgeht Preußen dabei der Auflösung, aber es wird auf einen Rumpfstaat zurückgestutzt.

Preußen müsse nun, so Friedrich Wilhelm, durch geistige Kraft ersetzen, was ihm an physischer fehle. Das ist ein Programm. Und es wird das bedeutendste Programm in der Geschichte Preußens werden, das mit den weitreichendsten Folgen: Es beginnt die Zeit der preußischen Reformen. Die folgenden

Das 1883 aufgestellte Denkmal Wilhelm von Humboldts vor der Berliner Universität (heute Humboldt-Universität), die 1810 auf seine Anregung hin gegründet wurde.

15 Jahre schaffen die Voraussetzungen dafür, dass Preußen schließlich zur führenden deutschen Macht aufsteigt.

Friedrich Wilhelm III. beruft den Reichsfreiherrn Karl vom und zum Stein als Ersten Minister. Stein setzt durch, dass nicht mehr »aus dem Kabinett des Königs« regiert wird, sondern fünf Fachminister ernannt werden (Inneres, Finanzen, Krieg, Justiz, Auswärtiges). Das altehrwürdige »Generaldirektorium« des Soldatenkönigs hat ausgedient.

Stein kann nicht bleiben, Napoleon erzwingt seine Ablösung, Hardenberg tritt an seine Stelle. Stein aber ist es gelungen, die gewaltigen Summen zu organisieren, die Frankreich verlangt, damit es wenigstens die Besatzungstruppen aus Preußen abzieht. 1809, am Tag vor Heiligabend, trifft das Königspaar unter dem Jubel der Berliner wieder in seiner Hauptstadt ein.

Die Reformen gehen weiter. Städte, Kreise und Provinzen sollen sich künftig selbst verwalten: Das gab es seit dem Mittelalter nicht mehr. Die alten Zünfte dagegen verlieren ihre Privilegien. Von nun an herrscht Gewerbefreiheit. Alle persönlichen Dienstbarkeiten der Bauern sind mit dem Martinstag 1810 aufgehoben. 1812 werden die Juden den übrigen Bürgern gleichgestellt. All diese Maßnahmen setzen in den kommenden Jahrzehnten die Kräfte des Landes frei. Bauern ziehen in die Städte und arbeiten in den jetzt entstehenden Fabriken, wer irgend kann, macht sich mit einem Gewerbe selbständig.

Nicht zuletzt wird das Bildungswesen reformiert. Der König beauftragt damit Wilhelm von Humboldt. Der stellt für Volksschulen und Gymnasien neue Programme auf. Und die Hochschulen sollen fortan durch eine möglichst weitgehende Einheit von – zweckfreier – Forschung und Lehre eine Geisteselite heranbilden. Verwirklicht wird das gleich in einer Neugründung: Im Herbst 1810 beginnen im ehemaligen Palais des Prinzen Heinrich Unter den Linden die Vorlesungen der neuen Berliner Universität. Der Philosoph Johann Gottlieb Fichte wird erster Rektor.

Königin Luise erfährt inzwischen eine fast religiöse Verehrung. Zum Bild der schönen Frau, glücklichen Gattin und königlichen Mutter treten jetzt Tragik und Heldentum: Auf der Flucht nach Ostpreußen hat sie in Bauernkaten schlafen, dabei den deprimierten König aufrichten müssen. Und sie trat vor Napoleon hin, um für Preußen zu bitten. Als sie 1810 mit 34 Jahren stirbt, wird das den schrecklichen Erlebnissen zugeschrieben. Preußen besitzt auf einmal eine Heilige.

Befördert durch das harte Besatzungsregime Frankreichs, wächst in den deutschen Staaten das Gefühl, einer gemeinsamen Nation anzugehören. Vor allem das Bürgertum verbindet damit die Sehnsucht, endlich politisch mitentscheiden zu können. Preußen wird zu einem Zentrum dieser Ideen. Im Winter 1807 hatte Johann Gottlieb Fichte an 14 Sonntagen im alten Gebäude der Akademie Unter den Linden vor großem Publikum aus seinen »Reden an die deutsche Nation« gelesen. In den Berliner Salons spricht man nicht nur über Dichtung und Musik, sondern auch über Deutschlands künftige Einheit.

Preußens Neuerer gehen inzwischen still daran, eine ganz neue Armee zu schaffen. Der König hat Gefallen an dem schlichten Neidhardt von Gneisenau gefunden und ihn 1808 zu seinem Adjutanten ernannt. Mit Gerhard Johann David von Scharnhorst, Karl von Clausewitz, Hermann von Boyen und Karl von Grolman gehört er zum Kreis der militärischen Reformer. Sie setzen auf ein »Volksheer«, jenes Prinzip, das in Frankreich so sichtbaren Erfolg hat. »Landwehr« und »Landsturm« heißen die neuen Zauberwörter. Von altgedienten Militärs und Adels-

Im Jahr 1913 wurde in Großbeeren das Denkmal in Erinnerung an die siegreiche Schlacht gegen Napoleon von 1813 aufgestellt.

kreisen wird das alles jedoch abgelehnt, es klingt zu sehr nach Revolution.

Neue Prinzipien halten Einzug ins Heer: Prügel werden abgeschafft, das Ehrgefühl der Soldaten soll gestärkt werden. Man gründet die Allgemeine Kriegsschule, Offiziere benötigen mehr

Wissen. Da Napoleon Preußen nur wenig Truppen zugesteht, entlässt man Rekruten nach intensiver Kurzausbildung wieder, zieht neue ein und schafft auf diese Weise eine große Reservearmee. Im Sommer 1812 marschiert Napoleon an der Spitze einer halben Million Soldaten (ein Drittel von ihnen sind Deutsche) in Russland ein, wenige Monate darauf schon strömen die Reste dieser einst siegreichen kaiserlichen Armee zurück, ihre Niederlage ist verheerend. Frankreich, der mächtige Feind, ist auf einmal schwach. Preußens Offiziere sehen den Zeitpunkt für einen Befreiungskrieg nun gekommen. Schon lange hatten sie ihren König dazu gedrängt.

Der wieder einmal zaudernde König wird schließlich von einem ungehorsamen Untergebenen zur Entscheidung gezwungen. Hans David Ludwig von Yorck kommandiert im Baltikum jene 20 000 Preußen, die auf Napoleons Geheiß am Russlandfeldzug teilnehmen müssen. Yorck geht zwar nicht direkt zum Feind über, vereinbart aber mit den Russen Neutralität (Konvention von Tauroggen, 30.12.1812). In Ostpreußen tritt ein Landtag zusammen, der die Aufstellung von Landwehr-Regimentern beschließt.

Jetzt handelt endlich auch der König. Aus dem unsicheren Berlin (in Spandau sitzt noch immer eine französische Festungsbesatzung) weicht er nach Breslau aus und trifft sich dort mit dem Zaren. Man bereitet den Krieg vor. Am 10. März, dem Todestag der Königin Luise, stiftet er eine neue Kriegsauszeichnung, das »Eiserne Kreuz« (entworfen hat es Karl Friedrich Schinkel). Frankreich wird der Krieg erklärt, und am 17. März 1813 wendet sich Friedrich Wilhelm III. mit dem Aufruf »An mein Volk« an alle im Land. Aus ganz Deutschland strömen Freiwillige unter die preußischen Fahnen, darunter viele Studenten und Akademiker in die neu aufgestellten »Jäger«-Abteilungen, leicht bewaffnete, schnelle Reiter. Ihre Regimentsfarben – schwarz, rot, gold – werden dereinst die Farben der Revolution von 1848 und der deutschen Republik.

Militärisch läuft es zunächst nicht gut. Zwar treibt man Anfang April bei Möckern ein französisches Heer über die Elbe und sichert damit Berlin, aber in Sachsen werden die Preußen unter Gebhardt Leberecht Blücher im Mai zweimal geschlagen (bei Großgörschen und Bautzen). Eine Volkserhebung gegen die französische Besatzung im Königreich Hannover bricht zusammen. Das schon befreite Hamburg wird von Frankreich zurückerobert. Aber Österreich tritt schließlich nach schier endlosem Zögern dem Bündnis bei, und jetzt sieht sich Napoleon auf einmal der größten Koalition gegenüber, die je gegen ihn angetreten ist.

Er stellt eine »Armée de Berlin« auf, Marschall Oudinot soll die preußische Hauptstadt zurückerobern. Am 23. August 1813 werden Frankreichs Soldaten 20 Kilometer vor Berlin beim Dorf Großbeeren von der Nordarmee der Alliierten besiegt. Wenige Tage darauf bewährt sich auch zum ersten Mal die neu aufgestellte märkische Landwehr, als sie im Fläming, nicht weit von Belzig, eine französische Abteilung gemeinsam mit russischen Truppen schlägt.

Als Marschall Ney von Wittenberg her erneut in Richtung Berlin vorstößt, treffen die Heere am 6. September auf den Feldern von Dennewitz nahe Jüterbog aufeinander. Die Preußen unter Bülow bleiben Sieger. Napoleon verzichtet angesichts der bedrohlichen Lage darauf, Österreich anzugreifen und kehrt nach Sachsen zurück.

Hier fällt die Entscheidung. Vier Tage dauert die »Völkerschlacht bei Leipzig«, vom 16. bis zum 19. Oktober 1813. Am Ende siegt die Übermacht. Die Alliierten verlieren 55 000, die Franzosen 70 000 Soldaten. Napoleon zieht sich nach Frankreich zurück. Nach annähernd zwei Jahrzehnten ist ganz Deutschland zum ersten Mal frei von französischen Truppen.

Anfang 1814 wird der Kaiser auch in Frankreich geschlagen, Zar Alexander und Friedrich Wilhelm III. ziehen in Paris ein, Napoleon wird auf die Insel Elba verbannt. Im Oktober beginnt in Wien der Kongress der Sieger, Europas Landkarte ändert sich wieder einmal, für Preußen dramatisch. Es rutscht gewissermaßen von Osten nach Westen.

Im Osten verliert man den größten Teil Polens wieder an Russland, allerdings bleiben die Mark, Ostpreußen und Schlesien miteinander verbunden. Im Norden kommt Vorpommern mit Rügen zu Preußen. Der größte Gewinn: ein Drittel Sachsens wird ebenfalls preußisch, von nun an »Provinz Sachsen« (heute Sachsen-Anhalt).

Vor allem die neuen Gebiete am Rhein und in Westfalen werden in den kommenden Jahrzehnten für Preußen eine besondere Rolle spielen. Hier lebt ein denkbar unpreußischer Menschenschlag: freie, reiche Bauern auf dem Land und in den

Städten selbstbewusste Bürger, die sich eher an Holland und Frankreich orientieren als an dem kargen Soldatenland im Osten.

Als Napoleon überraschend seinen Verbannungsort verlässt und sein eilig zusammengestelltes Heer am 18. Juni 1815 bei Belle Alliance beziehungsweise Waterloo von den Engländern unter Wellington und den Preußen unter Blücher endgültig besiegt wird, bekommt Preußen als Siegprämie noch das Saarland zugesprochen.

Insgesamt aber, gemessen an seiner militärischen Leistung, erhält Preußen auf dem Wiener Kongress nicht viel: Eine Landbrücke zwischen dem Rheinland und dem Osten versagt man ihm, und es büßt Friesland ein und damit den Zugang zur Nordsee. Österreichs Kanzler und Meisterdiplomat Klemens Wenzel Fürst Metternich ist den Unterhändlern Karl August Fürst von Hardenberg und Wilhelm von Humboldt klar überlegen.

Und Deutschlands Einheit gar, der Wunsch vieler, die ihr Leben gegen Napoleon gewagt haben, bleibt ein Traum. Kein Regent ist bereit, seine Souveränität aufzugeben, und alle fürchten Forderungen nach Mitbestimmung des Volkes. Nur zu einem losen Bund von Staaten reicht der Wille, dem »Deutschen Bund«.

AUSFLUG Friedrich Wilhelm II.

■ **Marmorpalais am Heiligen See.** Im Frühjahr nach seinem Regierungsantritt ließ Friedrich Wilhelm II. das »neue Haus im Weinberge« errichten, das Grundstück gehörte ihm seit ein paar Jahren. Carl von Gontard, der Erbauer der Türme am Berliner Gendarmenmarkt, wurde sein Architekt. Ein würfelförmiger Bau entstand, ein Rundtempel auf dem Dach bot Ausblicke in die Havellandschaft, Stufen führten von einer Terrasse ins Wasser und luden zu Bootsausflügen ein.

Der Marmor kam aus Schlesien, bearbeiten ließ er sich schlecht, daher fertigte man den Bauschmuck aus Sandstein und marmorierte ihn anschließend. 1790 begann Carl Gotthard Langhans, der zur selben Zeit das Brandenburger Tor in Berlin errichtete, mit dem Innenausbau. Den für die aktuelle klassizistische Architektur maßgeblichen Architekten Friedrich Wilhelm von Erdmannsdorff, den Schöpfer der Bauten in Wörlitz, engagierte der König für den Kauf von Kaminen und antiken Plastiken in Italien.

Aus dem Vestibül gelangt man in einen von oben belichteten Treppensaal, bestimmt von zwei Säulenpaaren. Dahinter folgt ein Grottensaal, ähnlich wie im Neuen Palais. Daneben liegt das Schreibkabinett des Königs mit Blick auf Terrasse und See. Hier starb Friedrich Wilhelm II. im November 1797. Daneben befindet sich das Musikzimmer, der König spielte jeden Tag Cello.

Das Obergeschoss diente der Geselligkeit. Im mit Stoffbahnen ausgeschlagenem Orientalischen Kabinett hatte man die Illusion, in einem Zelt zu sitzen. Über die gesamte Front zum See erstreckt sich der Konzertsaal. Im Sommer 1796 spielte hier Beethoven, wobei – so ist es überliefert – Friedrich Wilhelm ob dessen kräftigen Anschlags um den Flügel fürchtete. Als sieben Jahre zuvor, im Mai 1789, Mozart dem musikbegeisterten König seine Aufwartung gemacht hatte, befand sich das Marmorpalais gerade im Bau.

Ausgestattet wurde das königliche Palais unter anderem mit Möbeln des genialen Kunsttischlers Röntgen (Vorfahr des Strahlenentdeckers) und auch mehreren Flötenuhren (für die war Berlin zu jener Zeit berühmt). Heute hängen im Schloss zahlreiche Porträts Friedrich Wilhelms II., seiner Gemahlinnen und von Personen aus dem königlichen Umkreis, darunter im Grünen Zimmer auch ein intimes Porträt Wilhelmine Enckes, der lebenslangen Geliebten des Königs, von Dorothea Therbusch.

14469 Potsdam, Im Neuen Garten · Tel. 03 31/969 42 46
www.spsg.de

IN BERLIN Friedrich Wilhelm II. in Charlottenburg

■ **Winterkammern im Schloss.** Friedrich Wilhelm II. ließ sich auf der Südseite des Knobelsdorff-Flügels mehrere mit Öfen ausgestattete Zimmer für den Winteraufenthalt einrichten. Prinz Heinrich, der in stiller Opposition zu seinem königlichen Bruder Friedrich dem Großen in Rheinsberg residierte, schenkte ihm dafür eine Serie wertvoller Gobelins, die er selbst vom letzten französischen König, Louis XVI., 1784 erhalten hatte. Prinz Heinrich sympathisierte schon deshalb mit Friedrich Wilhelm, weil sein königlicher Bruder diesen verachtet hatte.

Gemälde zeigen Friedrich Wilhelm II. und seine Familie, darunter ein Bild des Malers Friedrich Wilhelm Weitsch, auf dem die Schwiegertöchter – die spätere Königin Luise und ihre Schwester Friederike – den König 1795 nach dem Frieden von Basel als »Friedensbringer« mit einem Kranz krönen.

■ **Das Belvedere.** Den reizenden dreistöckigen Pavillon im Stil des späten Rokoko hatte Carl Gotthardt Langhans 1788 auf einem Inselchen errichtet. Die Insel gibt es nicht mehr, auch das Innere ist heute verändert, der Bau war kriegszerstört, die Ausstattung ging verloren. Im Belvedere inszenierte einst Minister Bischoffswerder, der Friedrich Wilhelm II. in die geisterseherische Welt des Rosenkreutzer Ordens eingeführt hatte, für den Herrscher eine Geistererscheinung. Sie fiel dermaßen gruselig aus, dass der entsetzte König das Belvedere nie wieder betreten haben soll.

14059 Berlin, Spandauer Damm 20–24 · Tel. 030/320 91–440
www.spsg.de

IN BERLIN Friedrich Wilhelm III. und Luise

■ **Wohnung Friedrich Wilhelms III. im Schloss Charlottenburg.** Von der Einrichtung der Wohnung Friedrich Wilhelms III. im Erdgeschoss des Neuen Flügels ist wenig erhalten. An die Zeit der Befreiungskriege erinnern zahlreiche Porträts von Offizieren, Bilder historischer Ereignisse (»Übergang Blüchers über den Rhein«). In der Gelben Kammer ist eines der berühmtesten Porträts von Friedrich Wilhelm und Königin Luise zu sehen, von Weitsch aus dem Jahr 1799.

■ **Zu Luise in Charlottenburg.** Im Schlosspark Charlottenburg findet sich auf der Luiseninsel eine Porträtbüste der Königin, und in den Winterkammern Friedrich Wilhelms II. wird ein Schlafzimmer der Königin gezeigt, das Karl Friedrich Schinkel entworfen hat: federleichte Möbel, preiswerte – man war damals gerade arm – Draperien leichter Stoffe an den Wänden. Harfe und Flügel der Königin stehen ebenfalls hier.

Das Mausoleum für Luise wurde In der Nordwestecke des Parks errichtet, entworfen von Heinrich Gentz (1810–12), die Idee stammte vom König. Der ursprüngliche Portikus aus Sandstein kam 1828 auf die Pfaueninsel und wurde durch einen aus Granit ersetzt. Als Friedrich Wilhelm III. 1840 starb, wurde der Bau erweitert und nahm auch dessen sterbliche Überreste auf. 1888 dann wurden Kaiser Wilhelm I. (zweitältester Sohn des Paares) und später seine Gemahlin ebenfalls hier beigesetzt. Die Sarkophage stehen in der Krypta. Im oberen Bereich sieht der Besucher die vier Scheingräber (Kenotaphe) der hier Bestatteten. Königin Luise liegt in faltenreichem Gewand wie schlafend, die Arme verschränkt. Das Bildnis stammt von Christian Daniel Rauch.

14059 Berlin, Spandauer Damm 20–24 · Tel. 030/320 91–440
www.spsg.de

■ **Die Pfaueninsel.** Das Lustschlösschen auf der Pfaueninsel ist die eilige und charmante Schöpfung Wilhelmine Enckes, der Geliebten Friedrich Wilhelms II. 1795 war es fertig. Platz und Gestalt hatte die zur Gräfin Lichtenau erhobene Trompeterstochter bestimmt. Lange freuen konnte sich das Paar an dem Werk des Potsdamer Ratszimmerermeisters (es ist deutlich sichtbar ganz aus Holz; Putzbewurf und Quaderung täuschen Mauerwerk nur vor) nicht mehr, da Friedrich Wilhelm II. bereits im Winter 1797 starb.

Sein Sohn und Nachfolger, Friedrich Wilhelm III., ließ die Encke verhaften und – völlig willkürlich – ihr Vermögen beschlagnahmen. Das mit leichter Hand inszenierte Kleinod auf der Insel genoss nun das neue Königspaar, das gern auf die Pfaueninsel kam.

Fast nicht zu glauben, dass das Pfennigschlösschen einschließlich aller Ausstattungsstücke unbeschadet durch die Zeiten gekommen ist, obwohl die Insel 1945 im Kampfgebiet lag. Zu sehen sind hier die einzigen königlichen Räume der Region, die dem Besucher die Zeit um 1800 noch so vor Augen führen, wie sie einst waren – authentischer als die mühevoll wiedergewonnenen Zimmerfluchten von Paretz.

Hier im Schloss auf der Pfaueninsel hängen noch die Hüte der Königin Luise, und es gibt einen raffinierten Spieltisch zu sehen. Erhalten sind die Böden, sämtlich aus einheimischen

Hölzern gefertigt, Tapeten, Lüster und ein raffinierter Ofen. Das »othaheitische« Kabinett zeugt von der Faszination, die die exotische Welt der gerade entdeckten Insel Tahiti auf Europa ausgeübt hat. Im ersten Stock schaut man aus dem Fenster des Festsaals hinüber nach Potsdam zum Marmorpalais.

14109 Berlin · Tel. 030/80 58 68 30 · www.spsg.de

AUSFLUG Friedrich Wilhelm III. und Luise

■ **Schloss und Dorf Paretz.** David Gilly d. Ä. baute 1797–1804 das alte Dorf ganz neu, mit Gutshaus, Park und zahlreichen Gehöften. »Gutshaus«, das war das Schloss. Ein kleiner Bau. Friedrich Wilhelm III. ließ ihn nach dem Tod Luises unangetastet. Auch seine Nachfolger, die Söhne der Königin, hielten es so, und als bald darauf der Pilgerstrom patriotisch gesinnter Luise-Fans einsetzte, bot »Schloss still im Land«, wie es genannt wurde, einen einmaligen Erinnerungsort, der bis hin zum Inhalt mancher Schubladen lange so geblieben ist, wie die Königin ihn einst verlassen hatte. 1945 wurde das Schloss geplündert, später mehrfach umgebaut. Nur die Außenmauern und ein Treppenhaus blieben einigermaßen unangetastet.

Dennoch lohnt der Besuch. Die alte Raumstruktur konnte vor kurzem wieder hergestellt werden, einzelne Möbel sind zurückgekehrt. Auch an den Wänden hängen wieder Stiche von damals. Vor allem aber haben sich die originalen gedruckten und bemalten Papiertapeten erhalten. Aufmerksame Kustoden konnten sie 1947 mit viel Courage retten. Nach mühevoller Restaurierung geben sie den Zimmern heute wieder die Atmosphäre von einst.

Im Foyer hängen zwei ganzfigurige Gemälde Friedrich Wilhelms III. und seiner Luise von Wilhelm Böttner. Das Blaue Zimmer, benannt nach der von Isaak Joel und Johan Christian geschaffenen blauen Tapete mit umlaufender Borte, war einst das eheliche Schlafzimmer und damit für sich ein kleiner Skandal; das übliche Hofzeremoniell sah gemeinsame Schlafräume für königliche Paare nicht vor. Gouachen zeigen heute schicksalhafte Orte und Begebenheiten aus dem

Leben Luises: etwa das Haus Busold in Königsberg und das Haus Cosentius, in denen das Königspaar 1802 und im Unglücksjahr 1807 nach der Flucht aus Berlin wohnte. Auch Bücher der Königin stehen wieder am alten Platz.

Landkreis Havelland · 14669 Paretz, Parkring 1
Tel. 03 32 33/736 10 www.spsg.de

■ **Luises Sterbeort Schloss Hohenzieritz.** Luises Vater regierte das an Brandenburg grenzende Mecklenburg-Neustrelitz. Im Sommer 1810 besuchte die Königin den Vater in dessen Sommerresidenz Hohenzieritz, am 19. Juli starb sie hier nach kurzer Krankheit.
Das Sterbezimmer ist heute »Luisen-Gedenkstätte«, in der das Leben der Königin dargestellt wird. Im Schlosspark von Hohenzieritz erinnert ein Rundtempel mit einer Porträtbüste an Luise.

Landkreis Mecklenburg-Strelitz · 17237 Hohenzieritz, Dorfstraße
26 · Tel. 03 98 24/205 75 · www.hohenzieritz.de

■ **Luisen-Denkmal in Gransee.** Der Leichnam der Königin wurde von Hohenzieritz nach Berlin überführt. In Gransee machte die Trauereskorte in der Nacht vom 25. auf den 26. Juli 1810 Station, und der Sarg wurde aufgebahrt. Das Denkmal aus Berliner Eisenguss von Karl Friedrich Schinkel zeigt einen Sarkophag unter gotischem Baldachin.

Landkreis Oberhavel · 16775 Gransee, Schinkelplatz

AUSFLUG Befreiungskriege 1813

■ **Aussichtsturm und Denkmal in Großbeeren.** Aufgestellt wurde das Denkmal zur Hundertjahrfeier 1913; der Turm kann bestiegen werden. Allerdings ist die Feldmark, das einstige Schlachtfeld, heute weitgehend zugebaut. »Hier wurde am 23. 8. 1813 die französische Armee von den preußischen Truppen unter General von Bülow geschlagen. Der Sieg bewahrte Berlin vor der drohenden Besetzung«.
Auf dem Friedhof des Ortes steht die gleiche gusseiserne von Schinkel entworfene Gedächtnisfiale (gotische Ziersäule) wie in Dennewitz.

Landkreis Teltow-Fläming · 14979 Großbeeren, Dorfaue

■ **Denkmäler zur Erinnerung an das Gefecht bei Hagelberg im Hohen Fläming.** An der Straße von Lübnitz nach
Hagelberg weist ein unscheinbares Schild zum »Alten Denkmal«. Auf einem Sockel (die antike Vase darauf, das eigent-
liche Denkmal wurde nach 1945 zerstört) findet sich ein Reliefporträt des Generals Hirschfeld, und eine Inschrift erinnert
an »das Gefecht bei Hagelberg«. Am 27. August 1813 la-
gerte eine Abteilung des Corps des französischen Generals
Girard hier auf den Höhen des Fläming. Eine preußische
Landwehrabteilung geriet eher zufällig in ihren Rücken und
nutzte das Überraschungsmoment. Ohne die Hilfe der dazu-
stoßenden russischen Verbündeten wären die ungeübten
Neu-Soldaten den erfahrenen Kämpfern Napoleons dennoch
unterlegen.

50 Meter hinter dem Ortsausgang von Hagelberg weist ein
Schild zum »Neuen Denkmal«. Das stammt aus den fünfziger
Jahren des 20. Jahrhunderts. »Zur Erinnerung an die deutsch-
russische Waffenbrüderschaft« wurde es errichtet, das war da-
mals opportun, denn russische Truppen standen wieder im
Land. Das Denkmal ist ein eindrucksvoller Portikus aus dem
Kirchenbaumaterial des Mittelalters, aus unbehauenen Feld-
steinen.

Landkreis Potsdam-Mittelmark, 14806 Belzig

■ **Denkmäler zur Erinnerung an die Schlacht bei Dennewitz im Niederen Fläming.** Der Sieg in der Schlacht bei
Dennewitz war ungleich wichtiger als das siegreiche Gefecht
bei Hagelberg. Am 6. September 1813 kämpften hier preußische, russische und schwedische Truppen gegen Franzosen,
Sachsen, Hessen, Württemberger und Italiener. Es war Napoleons letzter Versuch, Berlin zurückzuerobern.

Das Denkmal von 1913 befindet sich in der Dorfmitte von
Dennewitz: auf hohem Sockel zwei Soldaten in den Uniformen
von 1813, darunter die Verse Ernst Moritz von Arndts »Auf
mutig drein und nimmer bleich/den Gott ist allenthalben!/die
Freiheit und das Himmelreich/gewinnen keine Halben«. Wenige Meter entfernt, vor dem Eingang zum Friedhof, steht
ein Gedenkstein mit Worten des Generals von Tauentzien.
Dessen Landwehr stieß zwischen Rohrbeck und Dennewitz
als erste auf die von Marschall Ney geführten Truppen, wo ein

Damm die Passage der sumpfigen Wiesen um die Quelle des Flüsschens Nuthe ermöglichte.

In der Umgebung erinnern noch weitere Steine an einzelne Regimenter und Truppenabteilungen.

Folgt man der Straße Richtung Niedergörsdorf (durch die Bahnunterführung, nur für Fußgänger und Radfahrer) einen knappen Kilometer, führt rechts ein Weg auf einen Berg (damals die Position des preußischen Befehlshabers Bülow). Dort oben steht als Denkmal eine gusseiserne Fiale wie in Großbeeren, gestiftet von Friedrich Wilhelm III. mit dem Text: »Die gefallenen Helden ehrt dankbar König und Vaterland«. In der defekten Grammatik des Satzes schwingt das Dilemma des Herrschers mit: Nach offizieller Lesart hatten brave Landeskinder ihrem König die volle Souveränität zurück erobert. Viele Kämpfer aber hatten schon das Vaterland (Deutschland) im Blick.

Landkreis Teltow-Fläming, 14913 Dennewitz

IN BERLIN Denkmal auf dem Berliner Kreuzberg

Das Monument aus Berliner Eisenguss entstand 1817–21 nach dem Entwurf Karl Friedrich Schinkels als zentrales Denkmal für die Befreiungskriege. Nach der Reichsgründung hat man es in den Jahren 1875–78 mit einem Sockel versehen und um acht Meter angehoben, seit 1893 ist es vom Viktoriapark umgeben. Der Bildschmuck von Christian Daniel Rauch u.a. zeigt Mitglieder des königlichen Hauses (auch die Königin Luise), Generale und Allegorien auf entscheidende Schlachten.

10965 Berlin, Viktoriapark

Biedermeier und Revolution:
Wie man ein Parlament
bekommt, das keiner so recht will

Wissenschaft und Industrie schaffen ein selbstbewusstes Bürgertum. Die politische Macht aber hat weiter der Adel. 1848 revoltiert das Volk, siegt, verliert und bekommt am Ende ein wenig von dem, was es gefordert hat.

Der Reformschwung flaut nach dem Wiener Kongress ab. Der Landgewinn will verdaut sein. Steins und Hardenbergs Neuerungen müssen in den Provinzen, Kreisen und Städten umgesetzt werden, die Reformen Humboldts im Bildungswesen brauchen Zeit. Es regt sich auch Widerstand: Der Adel stemmt sich gegen Bauernbefreiung, Volksbewaffnung, bürgerliche Offiziere und die Emanzipation der Juden.

Preußens Staatsvolk aber wartet auf eine Verfassung. Denn noch immer ist die Macht des Königs absolut, sitzt allein der Adel an den Schaltstellen der Macht. Nun aber, nachdem man so viel dazu beigetragen hat, das Land zu retten, möchte man auch mitbestimmen. Andere deutsche Länder haben längst so ein Staatsgrundgesetz mit weitreichenden Rechten für die Bürger, am weitesten gehen sie seit 1818 in Baden. Friedrich Wilhelm III. verspricht immer wieder, so eine Verfassung zu gewähren, aber die Entwicklung geht tatsächlich erst einmal in eine andere Richtung.

Quasi noch auf dem Schlachtfeld als Sieger über Napoleon haben sich die Herrscher Russlands, Österreichs und Preußens geschworen, gegen alle Neuerungen aufzutreten (»Heilige Allianz«). Und bald darauf findet sich in der Mordtat eines jungen Demokraten (er hat einen vermeintlich reaktionären Bühnenautor erschossen) ein Vorwand, ganz allgemein die Freiheiten rigoros einzuschränken. Mit den »Karlsbader Beschlüssen« von 1819 hebt in den deutschen Staaten ein Zensieren, Verbieten, Bespitzeln, Ausweisen und Einsperren an, wie man es bis dahin nicht gekannt hat. Man verfolge nur Volksverderber, sagt die Obrigkeit,

Die von Karl Friedrich Schinkel im Jahr 1830 errichtete Friedrichswerdersche Kirche in Berlin dient heute als Museum.

»Demagogen«. Preußen mit seiner Gründlichkeit erwirbt sich dabei den Ruf eines Polizeistaates.

Andererseits aber wird gerade in diesen Jahren Berlins Universität zur bedeutendsten (und größten) Deutschlands. Dichter und Musiker zieht es in Preußens Hauptstadt. Die Berliner Salons sind berühmt: der von Rahel Varnhagen, das Haus der Mendelssohns, der Bettinas von Arnim. Das Bürgertum, das politisch nichts zu sagen hat, konzentriert sich auf die Kunst, die Philosophie, ganz allgemein auf das, was jetzt »Bildung« heißt. Und auf die Wirtschaft. Berlins traditionelle Textilbetriebe sind veraltet. Maschinen wie in England fehlen. Also reformiert man auch Industrie und Wirtschaft. Ab 1818 entstehen technische Schulen, preußische Reisende spionieren das englische Fabrik- und Maschinenwesen aus, man publiziert technologische Neuerungen und fördert Unternehmer. An Rhein und Ruhr, in Schlesien, der Niederlausitz und in Magdeburg entstehen Industrieregionen. Die Dampfmaschine, 1815 noch etwas exotisch Englisches, wird nach und nach allgegenwärtig. In Berlin entwickelt sich rund um die Königliche Eisengießerei der Maschinenbau. 1841 stellt August Borsig hier die erste deutsche Lokomotive auf die Schienen, Preußen ist nicht länger angewiesen auf Importe, es wird selbst Industriestaat.

Auch Verkehr und Kommunikation erleben bis 1850 eine Revolution. Endlich erschließt ein Netz guter Chausseen das Land. Ab 1838 kommen Eisenbahnen dazu, und mit den vierziger Jahren wird Berlin nach und nach zum Knotenpunkt der Strecken. Preußens aufmerksame Militärs beginnen bereits, die neue Beweglichkeit in ihre strategischen Überlegungen einzubeziehen. In den zwanziger Jahren richtet man zwischen Berlin und Aachen eine optische Telegrafenlinie ein. Von Berg zu Berg, Kirchturm zu Kirchturm laufen amtliche Nachrichten an einem einzigen Tag hin und zurück. Aber schon 20 Jahre später folgt der elektrische Telegraf, erschließt nun fernste Weltwinkel. Politische Nachrichten aus der Hauptstadt erreichen jetzt in Minuten jedes Ende des Königreiches.

1834 gelingt es, die deutschen Staaten im Deutschen Zollverein zusammenzubringen. Das erleichtert den Warenverkehr erheblich. Österreich ist nicht Mitglied. Preußen wird allmählich zur wirtschaftlichen Vormacht in Deutschland. Zwischen 1815 und 1850 nimmt die Bevölkerung um die Hälfte zu, die Berlins steigt auf eine halbe Million, es wird damit zur bedeutendsten Stadt zwischen Paris und Moskau. Immer noch ist Preußen Agrarland, aber die Zahl der Städter wächst, vor allem der neue Stand des Industriearbeiters. Aus Pommern, Ost- und West-preußen strömen täglich Menschen in Richtung Westen, wo sie mehr verdienen und es sich angenehmer leben lässt. Berlin ist erste Station, aber auch beliebtes Ziel.

Seit Jahrzehnten regiert König Friedrich Wilhelm III. jetzt das Land, bei den einfachen Leuten ist er beliebt. Die Tragik der Flucht von 1806, der frühe Tod Luises, die Glorie des Sieges über Napoleon, seine demonstrative Bescheidenheit haben dazu bei-getragen. Sein Ehrgeiz richtet sich auf das Bauen. Den Archi-tekten Karl Friedrich Schinkel beruft er zum obersten Bau-beamten des Königreichs. Mit der Neuen Wache, der Kirche auf dem Friedrichswerder, dem neuen Schauspielhaus auf dem Gendarmenmarkt, vor allem aber mit dem Museum gegenüber dem Schloss gibt der einflussreichste Baumeister Preußens der Residenz ein neues Gesicht: anfangs klassizistisch an der An-tike, später häufig neogotisch am Mittelalter orientiert. Das Neue daran ist die Art, wie der gebürtige Neuruppiner Funk-tion und Gestalt verbindet.

Schinkel baut nicht nur in Berlin, sondern überall im Königreich, überarbeitet Entwürfe anderer, setzt sich auch bereits für die Erhaltung des Alten ein. Daneben ist er noch Designer und In-nenarchitekt. Er entwirft Berlins neue Gaslaternen, Möbel, aber auch Schmuckstücke, die dann aus dem Eisen der königlichen Gießerei gefertigt werden.

Zur gleichen Zeit macht der Rheinländer Peter Josef Lenné den Landschaftsgarten in Preußen populär, gestaltet Berlins Tier-garten zum Park um, arbeitet für den Hof, entwirft aber auch neue Gärten auf den Gütern des Landadels.

Vor dem Jahr 1840 ist Preußens König bang: 1640 war der Va-ter des Großen Kurfürsten gestorben, 1740 der Soldatenkönig. Und auch diesmal wird es zum Todesjahr eines preußischen Herrschers: Der Grundsteinlegung zum Denkmal Friedrichs des Großen winkt Friedrich Wilhelm III. vom Fenster aus noch zu. Dann stirbt er.

Von seinem Sohn, Friedrich Wilhelm IV., erwarten viele Vieles, jede gesellschaftliche Gruppe anderes. Er ist künstlerisch be-gabt, sogar ein Roman liegt angefangen in der Schublade. Aber

Friedrich Wilhelm IV., der »Romantiker auf dem Thron«, auf einem Gemälde von Franz Krüger, um 1845; Berlin, Schloss Charlottenburg.

vor allem erwartet man politisch Neues: zum Beispiel endlich die Verfassung. Erste Maßnahmen wirken ermutigend: Liberale werden zurückgeholt, der Freiheitsdichter Ernst Moritz Arndt gelangt wieder auf seinen Bonner Lehrstuhl, der Turnvater Friedrich Ludwig Jahn steht nicht mehr unter Polizeiaufsicht, die Brüder Grimm, vom Hannoverschen König gemaßregelt (auch dort geht es um die Verfassung), werden nach Berlin berufen, Alexander von Humboldt wird Staatsrat.

Aber mit Friedrich Wilhelm IV. kommen auch ganz andere Leute, fromme Männer wie der General Thile (»Bibelthile«) als Minister, Leopold von Gerlach als persönlicher Adjutant. Das Publikum ist ratlos: Soll es nun liberal zugehen unter dem ältesten Sohn der Königin Luise oder konservativ-fromm? Der König weiß es selbst nicht so genau. Aber er tut, was vor ihm kein König getan hat, er hält Reden. An das Volk. Spricht Berlin vom verstorbenen Vater als dem »Hochseligen«, heißt der Sohn hinter vorgehaltener Hand bald »der Redselige«.

Das gebildete Deutschland hat durch die Romantik den Glanz des Mittelalters entdeckt. Friedrich Wilhelm ist davon so durchdrungen, dass er sich als mittelalterlicher Herrscher fühlt, eingesetzt durch die Gnade Gottes, mystisch vereint mit dem Volk. Ein gewähltes Parlament ist ihm ein Gräuel, eine mittelalterliche Ständeversammlung schwebt ihm vor: Adel, Kirchenleute, Vertreter der Städte – wie einst. Da es in jeder Provinz einen Landtag gibt, müsste man, überlegt der König, nur alle diese Landtage nach Berlin rufen und hätte dann ja die allgemein so sehr gewünschte Volksvertretung.

Die braucht Friedrich Wilhelm 1847 nämlich dringend. Für eine Eisenbahnstrecke, die nach Ostpreußen führen soll, muss sich der Staat verschulden. Dazu aber muss (seinerzeit einziges Zugeständnis seines Vaters Friedrich Wilhelm III.) eine repräsentative Versammlung ihre Einwilligung geben.

Jener »Vereinigte Landtag« wird also einberufen. Die vielen Abgeordneten, so hofft der König, werden den königlichen Absichten freundlich applaudieren. Die denken aber nicht daran, sondern debattieren heftig. Ein Skandal. Und eine Sensation. Denn etwas ist neu: Die Zensur ist aufgehoben, und die Presse berichtet ausführlich bis ins letzte Dorf, das Land nimmt regen Anteil. Des Königs »Vereinigter Landtag« gibt Preußen einen Vorgeschmack auf parlamentarische Politik.

1847 ist ein Krisenjahr. Der junge Kapitalismus kann seine Arbeiter nicht ernähren, nimmt andererseits dem Handwerk die Arbeit. Es herrscht Armut. Missernten kommen dazu, Preußen hungert, die Berliner plündern Marktstände und Läden.

Als im Februar 1848 in Paris die Revolution ausbricht, kommt es auch in Deutschland zu Unruhen. In Berlin versammeln sich Anfang März Bürger, Handwerker, Studenten und Arbeiter. Die Erregung wächst. Der König macht Zugeständnisse. Als ihm die Menge am Nachmittag des 18. März danken will und sich die Berliner in großer Zahl vor dem Schloss versammeln, fallen Schüsse, man fühlt sich verraten. Binnen Stunden werden überall Barrikaden errichtet. Die Kämpfe mit der Garnison sind blutig, 216 Menschen sterben. Zwar siegt das Militär, aber der König lässt die Soldaten anderntags abziehen. Er tritt mit der

Königin vor die im Schlosshof aufgebahrten Gefallenen und zieht den Hut, vom Balkon aus grüßt er den endlosen Beerdigungszug. Am 21. März reitet Friedrich Wilhelm sogar mit den Revolutionsfarben Schwarz-Rot-Gold (die Regimentsfarben der Freiwilligen Jägerverbände von 1813) durch die Stadt. Er beruft liberale Minister. Eine vom Volk gewählte preußische Nationalversammlung tritt am 22. Mai in der Singakademie zusammen. Die Revolution scheint am Ziel.

Nicht nur in Berlin. In Frankfurt am Main tritt in den kommenden Monaten in der Paulskirche eine »Deutsche Nationalversammlung« zusammen, um eine Verfassung für ein geeintes Deutschland auszuarbeiten: 600 frei gewählte Abgeordnete, das erste Parlament für ganz Deutschland.

Lange und heftig wird beraten, ob Österreich ganz oder nur teilweise zu Deutschland gehören kann. 1849 schließlich trägt man dem preußischen König die Kaiserkrone an. Deutschland wäre damit konstitutionelle Monarchie wie England. Unter Führung Preußens. Die andere Großmacht, Österreich, würde das kaum zulassen. Aber nicht nur deshalb lehnt Friedrich Wilhelm IV. ab. Eine demokratisch gewählte Majestät ist ihm zuwider. Der erste Versuch einer Einigung Deutschlands ist gescheitert.

Und auch in Preußen werden liberale Minister bald entlassen und konservative berufen. Der »Oberkommandierende in den Marken«, General Friedrich Heinrich Ernst von Wrangel, rückt mit Truppen in Berlin ein, verhängt das Kriegsrecht und verlegt das preußische Parlament ins Städtchen Brandenburg. Als die Volksvertreter daraufhin keine Steuern bewilligen wollen, werden sie kurzerhand nach Hause geschickt. Das ist das Ende der demokratischen Revolution.

Aber: Am gleichen Tag, dem 5. Dezember 1848, bekommt Preußen eine Verfassung. Von oben, von der Regierung »oktroyiert«. Verwundert stellen die Bürger fest, dass einiges darin enthalten ist, was man selbst gewollt hat. Gegenrevolution preußisch: erst die Macht gewinnen, dann ein bisschen bewilligen. Preußens oktroyierte Verfassung ist nicht das Werk des Königs, sondern seiner Minister. Die können den widerstrebenden Friedrich Wilhelm schließlich sogar dazu überreden, einen Eid auf dieses Staatsgrundgesetz zu leisten. Gewollt hat diese Verfassung also außer den Ministern der Regierung niemand so recht, jetzt aber ist sie da und bleibt im Großen und

Ganzen bis 1918 in Kraft. Charakteristisch für sie ist, dass bei der Wahl nicht alle Stimmen gleich viel gelten. In Preußen wird nach Einkommen abgestimmt. Das gibt anfangs dem Adel, später den neureichen Bürgern das Übergewicht, die Arbeiterschaft hat kaum eine Chance, eigene Kandidaten durchzubringen.

Eigentlich soll ein Parlament der Opposition eine Bühne bieten. Die Konservativen aber verstehen es hervorragend, die liberale Errungenschaft für ihre Zwecke zu nutzen. Das neue Preußische Abgeordnetenhaus wird ihr Forum, und sie bestimmen die öffentliche Debatte. Im Mai 1849 werden demokratische Aufstände in Sachsen, der Pfalz und in Baden von preußischen Truppen niedergeschlagen, die Herrscher dort rufen sie ins Land. In den Gräben der badischen Festung Rastatt stirbt die Elite des demokratischen Deutschland durch preußische Erschießungskommandos. Preußen beginnt, sich in Süddeutschland verhasst zu machen. Lange war es die Hoffnung aller, die für die Einigung Deutschlands eintraten. Damit ist es vorbei.

IN BERLIN Das Berlin Schinkels

Karl Friedrich Schinkels Werke prägten damals Preußens Hauptstadt, ja das gesamte Königreich.

■ **Kronprinzenpalais Unter den Linden.** Friedrich Wilhelm III. bezog den Bau nach der Hochzeit mit Luise 1793 und lebte darin bis zu seinem Tod 1840. Schinkel durfte zunächst einige Räume umgestalten und später die Verbindung zum danebenliegenden Prinzessinnenpalais (Brücke) errichten. Nach der Zerstörung im Zweiten Weltkrieg wurde nur die äußere Gestalt wiederhergestellt.

10117 Berlin, Unter den Linden 3

■ **Die Neue Wache Unter den Linden.** Im Kronprinzenpalais war kein Platz für Wachsoldaten. Schinkel errichtete 1814–16 dieses Frühwerk auf der gegenüberliegenden Straßenseite. Trotz Sparsamkeit bei den verwendeten Materialien (Backstein) erzielte er eine monumentale Wirkung; seit 1930 dient der Bau als Gedenkstätte.

10117 Berlin, Unter den Linden 4

Schlossbrücke und Berliner Zeughaus. Errichtet wurde die Brücke nach Plänen Schinkels 1821–23; die Figuren kamen später hinzu.

■ **Schauspielhaus am Gendarmenmarkt.** 1818–21 entstand ein neues prächtiges Schauspielhaus zwischen den beiden Kirchen auf dem Gendarmenmarkt. Der alte Bau an gleicher Stelle war abgebrannt. Die tempelartige Anlage mit der sehr hohen Freitreppe machte den Berliner Platz zu einem der schönsten in Europa. Das Schauspielhaus, heute das Konzerthaus Berlin, gilt neben dem Museum am Lustgarten als Schinkels Hauptwerk.

10106 Berlin, Gendarmenmarkt · Tel. 030/203 09 21 01
www.konzerthaus.de

■ **Schlossbrücke.** 1821–24 entstand endlich eine angemessen eindrucksvolle Verbindung zwischen dem Schloss und Unter den Linden. Das Geländer wurde aus dem damals modernsten Material gefertigt, aus Gusseisen der Königlichen Eisengießerei, die sich vor dem Oranienburger Tor befand. Bei der Eröffnung der Brücke kam es zu einer Panik mit zahlreichen Toten; darüber durfte in der Presse nicht berichtet werden.
Die Statuen auf der Brücke wurden erst zwei Jahrzehnte später aufgestellt.

10117 Berlin, Unter den Linden

■ **Das Alte Museum.** 1824–28 wurde nach dem Entwurf von Schinkel das Königliche Museum für die Kunstsammlungen des preußischen Königshauses im Lustgarten errichtet. Dass der Bau sich quasi selbstbewusst dem Schloss gegenüberstellt, ist Programm: Kunstpflege ist nun etwas Eigenständiges geworden und zugleich eine Staatsangelegenheit. Der Schinkelbau ist eines der ältesten Museumsgebäude in Deutschland und zugleich das erste auf der Berliner Museumsinsel.

10178 Berlin, Am Lustgarten · 030/20 90 52 44
www.smb.spk-berlin.de

■ **Bauakademie.** 1832–35 errichtete Schinkel die Ausbildungsstätte für Baufachleute in einer damals revolutionären strengen, sachlichen Form. Zu DDR-Zeiten wurde die Akademie abgerissen; seit kurzem steht wieder eine Gebäudeecke, erweitert durch eine Attrappe, der völlige Neubau ist geplant.

■ **Friedrichswerdersche Kirche.** Heute dient die 1830 in neugotischen Formen errichtete Kirche als Museum für die Bildhauerei der Schinkelzeit, außerdem erfährt man Details zum Leben Schinkels und zur Baugeschichte der Kirche.

10117 Berlin, Werderscher Markt · www.probauakademie.de
oder www.schinkelsche-bauakademie.de (Bauakademie)
Tel. 030/32 09 14 43 · www.smb.spk-berlin.de (Kirche)

■ **Schinkel-Pavillon im Schlosspark Charlottenburg.** Friedrich Wilhelm III. heiratete nach dem Tod der Königin Luise offiziell nicht wieder. Inoffiziell wurde ihm jedoch die Gräfin Harrach angetraut (später zur Fürstin von Liegnitz erhoben). Für seine junge Frau und sich ließ er von Schinkel im Charlottenburger Park eine Villa errichten. Einige Räume sind eingerichtet wie damals, die übrigen beherbergen ein Museum mit Kunst und Kunsthandwerk der Schinkelzeit.

14059 Berlin, Spandauer Damm 40–24 · 030/32 09 14 43
www.spsg.de

■ **Klein-Glienicke.** Das an der Potsdamer Chaussee vor der Glienicker Brücke gelegene Anwesen gehörte zunächst dem Kanzler Fürst Hardenberg, nach 1824 einem jüngeren Sohn der Königin Luise, dem Prinzen Karl. Der ließ ein halbes Jahrhundert lang immer wieder daran bauen. Der Park von Peter Lenné und das Schloss nach Plänen von Schinkel und seinem Schüler Ludwig Persius bilden eine Einheit. Glienicke ist das Herzstück jener Verbindung von höfischen Bauten und gestalteter Havellandschaft, die man das »Preußische Arkadien« genannt hat.

14109 Berlin, Königstraße 36 · Tel. 030/805 30 41 · www.spsg.de

■ **Das Schlösschen Tegel.** Schinkel gestaltete 1820–24 das alte märkische Gutshaus der Humboldts so um, dass die antiken Kunstschätze, die der einstige preußische Gesandte Wilhelm von Humboldt in Rom erworben hatte, einen Rahmen erhielten. (Das Schloss ist eingeschränkt zu besichtigen, da es den Nachfahren noch immer als Wohnung dient).

13507 Berlin, Adelheidallee 19–21 · Tel. 030/434 31 56

IN BERLIN Industrialisierung

■ **Hamburger Bahnhof.** Aus der Frühzeit des Berliner Eisenbahnwesens hat sich der Kopfbau des 1847/48 erbauten Hamburger Bahnhofs erhalten. Heute befindet sich in dem von Josef Paul Kleihues umgebauten Gebäude das Museum für Kunst der Gegenwart.

10557 Berlin, Invalidenstraße 50/51 · Tel. 030/39 78 34 12
www.smbk.spk-berlin

AUSFLUG Musenhöfe in der Mark

■ **Schloss Wiepersdorf.** Hier lebte und arbeitete der Dichter Achim von Arnim von 1814 bis zu seinem Tod 1831, er leitete die umfangreiche Gutswirtschaft selbst und schrieb meist nachts. Seine Frau Bettina, geborene Brentano, teilte dieses adelige Landleben später nur noch in den Sommerferien. Zwei Räume bieten ein Museum, das an den Dichter und Bettina von Arnim erinnert, die als Autorin erfolgreich wurde und in Berlin (»in den Zelten«, heute beim Haus der Kulturen der Welt) einen berühmten Salon unterhielt.

Landkreis Teltow-Fläming · 14913 Wiepersdorf, Bettina-von-Arnim-Straße 13 · Tel. 03 37 46/699 15 · www.wiepersdorf.de

Schloss Wiepersdorf in der Mark Brandenburg. Zwischen Schloss und Kirche befinden sich die Gräber Bettinas und Achims von Arnim.

Nennhausen. An den Orten zweier weiterer »Musenhöfe« jener Zeit ist heute nicht mehr allzu viel zu sehen: In Nennhausen, wo der Dichter Friedrich de la Motte-Fouqué von 1803 bis 1833 lebte, steht noch das stark veränderte Schloss, auch der Park ist noch vorhanden.

Landkreis Havelland · 14175 Nennhausen

Kunersdorf an der Oder. Hier bot Henriette Charlotte von Itzenplitz Dichtern, Malern und Wissenschaftlern ein gastliches Haus. Dazu gehörte auch Adelbert von Chamisso. Das Schloss wurde nach 1945 abgerissen. Erhalten hat sich das sehenswerte Erbbegräbnis der Familie von Lestwitz-Itzenplitz, eine Kolonnade von Carl Gotthard Langhans.

Landkreis Märkisch-Oderland · 16269 Kunersdorf

IN BERLIN Revolution von 1848

Friedhof der Märzgefallenen. Die Gefallenen der Barrikadenkämpfe vom März 1848 wurden auf einem eigenen Friedhof begraben, im südöstlichen Teil des Volksparks Friedrichshain, der damals gerade entstandenen Parkanlage.

10249 Berlin, Landsberger Allee

Deutschlands Einheit, Preußens Ende: Wie ein Kaiserreich entsteht

*Deutschland muss eins werden – aber wer soll es führen? Preu-
ßen oder Österreich? Ein schwacher König beruft einen starken
Minister. Preußen siegt in drei Kriegen. Zum Schluss wird König Wilhelm Kaiser.*

Die Revolutionsjahre haben bewiesen, dass nur noch zwei große
Kräfte in Deutschland etwas zu sagen haben: Preußen und Österreich. Von nun an geht es darum, wer von beiden die Ober-
hand behalten wird. Zur Bühne wird zwischen 1850 und 1866
der »Bundestag« des 1815 gegründeten »Deutschen Bundes«.
Preußen wird dort von 1851 bis 1859 durch Otto von Bismarck
vertreten, der sich in diesen acht Jahren zum profiliertesten konservativen Politiker Deutschlands entwickelt. Aggressiv und un-
konventionell tritt er gegen Österreichs Anspruch auf, Vormacht
zu sein. Immer von neuem provoziert er die große Macht aus
dem Süden mit Initiativen und Anträgen. Sogar dem eigenen
König und den konservativen Freunden wird er unheimlich.
Bismarck entstammt väterlicherseits dem Uradel der Altmark,
von Seiten der Mutter einer Gelehrten- und Beamtenfamilie.
Sein Ziel ist die Vormachtstellung Preußens, und dem ordnet er
alles unter. In der Wahl der Mittel ist der eindrucksvolle Debat-
tenredner und gewandte Stilist nicht wählerisch: Er intrigiert,
hintergeht Freunde, ist dabei launisch und kränklich, Phasen
rastloser Aktivität wechseln mit monatelangem Rückzug auf
seine Güter.
Im Kampf um die Vorherrschaft in Deutschland muss Preußen
zunächst eine empfindliche Niederlage einstecken, als es 1850
versucht, eine Union von 28 kleinen und mittleren Staaten unter seiner Führung zu gründen. Österreich fühlt sich herausge-
fordert und macht mobil, Preußen daraufhin ebenfalls. Aber als
das große Russland droht, muss Berlin klein beigeben.
Mitte der fünfziger Jahre werden Europas Staaten in einen Kon-
flikt um die Vorherrschaft im Schwarzen Meer und auf dem Bal-

*Schloss Babelsberg und den umliegenden Park ließen Wilhelm I. und
seine Frau Augusta 1833–35 für ihre Sommeraufenthalte errichten.*

Ein Krongut ganz im italienischen Stil entstand nach Plänen Friedrich Wilhelms IV. nördlich von Sanssouci in Bornstedt.

kan hineingezogen. Er führt zum Krimkrieg zwischen England und Frankreich auf der einen, Russland auf der anderen Seite. Preußen gelingt es, neutral zu bleiben. Diese Standhaftigkeit wird zu den wenigen politischen Verdiensten König Friedrich Wilhelms IV. gerechnet.

Im Übrigen sind sich auch loyale Zeitgenossen einig, dass die künstlerische, fantasiebestimmte Natur des Königs ihn für die Regierungsgeschäfte eigentlich untauglich macht. Ab 1857 erleidet Friedrich Wilhelm mehrere Schlaganfälle. Die Auswirkungen – Zerfahrenheit, schließlich Geschäftsunfähigkeit – fördern den Mythos, Friedrich Wilhelm IV. sei aus Kummer über die Revolution gemütskrank geworden. Sein jüngerer Bruder Wilhelm vertritt ihn zunächst und folgt ihm Anfang 1861 auf dem Thron nach.

König Wilhelm, zweiter Sohn der Königin Luise, ist bereits 61 Jahre alt, als er die Regierung übernimmt. Als Soldat hat er sein Leben in der Armee verbracht und ist bis zum Generalleutnant aufgestiegen. Korrekt und einfach (wie der Vater Friedrich Wilhelm III. schläft er im Feldbett), ist er ganz im Gegensatz zum verstorbenen Bruder ein nüchterner Pflichtmensch. Wilhelm liegt vor allem die Modernisierung des preußischen Heeres am

Herzen. Größer soll es werden und besser gerüstet. Die »Land-wehr«, jene Errungenschaft des Volkes aus den Befreiungskriegen, soll möglichst unbemerkt im regulären Heer aufgehen (sie wird immer noch als revolutionärer Ansteckungsherd beargwöhnt). Und die Wehrpflicht soll auf drei Jahre erhöht werden. All das kostet Geld. Bewilligen kann das nur das Parlament. Dessen liberale Mehrheit aber verweigert sich. Wilhelm denkt an Rücktritt. Wie kann man regieren ohne bewilligten Etat?

Bismarck könnte das Problem beheben. Aber diesen brachialen Politiker zum Regierungschef zu berufen, erscheint dem König genauso wie den konservativen Politikern als Gewaltkur. Wilhelm schreckt davor lange zurück. Und holt den inzwischen auf einen Botschafterposten Abgeschobenen schließlich im September 1862 doch an die Spitze der preußischen Regierung.

Weder der König noch Bismarck sehen voraus, dass das eine mehr als ein Vierteljahrhundert während Arbeits- und Leidensgemeinschaft werden wird, in der Wilhelm von Beginn an wenig zu sagen hat. Es ist ein fast symbiotisches Verhältnis: Bismarck ist auf den störrischen König ebenso angewiesen wie dieser auf den Ministerpräsidenten, dessen politisches Kalkül häufig dem Ehrgefühl Wilhelms widerspricht und seinen konservativen, am Alten hängenden Überzeugungen. In die Geschichte aber gehen diese Jahre nicht als die Ära König Wilhelms ein, sondern als »Bismarckzeit«.

Bismarck regiert sogleich kurzerhand ohne vom Parlament gebilligten Etat. Eine Gesetzeslücke macht das möglich. Mit harter Hand hält er das preußische Abgeordnetenhaus in Schach. Mittels Zensur unterdrückt er unliebsame Meinungen, setzt für den König die Heeresreform durch und verfolgt unbeirrt das Ziel, Österreich als Macht in Deutschland auszuschalten. 1864 gelingt es ihm, den süddeutschen Kontrahenten in eine Falle zu locken. Das Mittel wird die Schleswig-Holstein-Frage.

Die Herzogtümer Schleswig und Holstein gehören seit langem zu Dänemark. Viele Erblinien schneiden, viele Hoheitsprobleme bündeln sich hier zu einem staatsrechtlichen Knäuel, das kaum einer in allen Einzelheiten durchschaut. Das Ganze sei derart verzwickt, findet Englands Queen Victoria, dass nur ein einziger es völlig verstanden habe – ein deutscher Professor, und der sei darüber verrückt geworden. Nicht schwer zu begreifen ist, was die Dänen wollen: Schleswig-Holstein soll dänisch werden.

Als die Regierung in Kopenhagen 1863 ein entsprechendes Gesetz verabschiedet, wollen das die deutschen Staaten nicht hinnehmen. Preußen und Österreich erklären Dänemark den Krieg, das 1864 innerhalb weniger Monate niedergeworfen wird und zwei Fünftel seines Staatsgebietes verliert.

Nun sollen Schleswig und Holstein – so der Wiener Friedensvertrag – von den Siegern gemeinsam regiert werden. Österreich gerät damit in eine unhaltbare Lage: Es besitzt im Norden keine echten Interessen, obendrein liegt zwischen ihm und den Küstenländern ausgerechnet der Rivale Preußen. Bismarck dagegen weiß, was er will: Häfen, Mitkontrolle des Ostseezugangs im Sund – und Österreich aus der deutschen Politik ausschalten.

Die europäische Gesamtlage, von Bismarck ständig aufmerksam beobachtet, ist günstig: Russland, England und Frankreich sind alle mit eigenen Problemen beschäftigt, Preußen hat freie Hand. Über die Frage, wer in Schleswig-Holstein was zu sagen hat, entstehen endlose Streitereien, die schließlich 1866 zum Krieg Preußens gegen Österreich führen. Wien steht mit Bayern, Hannover, Sachsen, Württemberg, Baden und Hessen-Darmstadt gegen Preußen, das nur von ein paar norddeutschen Kleinstaaten unterstützt wird.

Kriegsschauplatz ist Böhmen und Mähren. Preußens Soldaten können inzwischen im Liegen schießen, aus der Deckung heraus, da ihr neues Zündnadelgewehr nicht mehr im Stehen geladen werden muss. Geführt wird die Armee durch einen »Generalstab« unter Helmut von Moltke, dem bedeutendsten Militärstrategen seiner Zeit. Drei preußische Heere setzen sich in Marsch und agieren doch genau abgestimmt, Eisenbahnen und Telegrafen machen es möglich: »Getrennt marschieren, vereint schlagen«, lautet Moltkes Devise. Preußen ist einfach schneller und präziser als der Gegner und schlägt Österreich bei Königgrätz in Mähren am 3. August 1866.

Dieser Sieg ändert die politische Landkarte Deutschlands radikal. Bismarck muss hart mit seinem König ringen, bis Wilhelm einverstanden ist, eine Reihe gegnerischer Staaten einfach zu annektieren. Außer Schleswig-Holstein das Königreich Hannover, Kurhessen und Nassau, dazu mit dem bisher selbständigen Frankfurt am Main Deutschlands reichste Stadt. Uralte legitime Herrschaft zu beseitigen, das empfindet König Wilhelm als das Gegenteil konservativer Politik.

Gleichzeitig dringt Bismarck aber darauf, das ebenfalls besiegte Süddeutschland zu schonen. Preußen ist auf den guten Willen der Bayern, Württemberger und Badener angewiesen, denn die Auseinandersetzung mit Frankreich steht bevor.

Deutschland zerfällt jetzt in drei Machtblöcke: Im Norden der »Norddeutsche Bund«, der aus dem riesigen Preußen und ein paar Kleinstaaten besteht. Eine weitere Gruppe bilden die Bundesgenossen Österreichs im zu Ende gegangenen Krieg: Sachsen, Bayern, Württemberg und Baden. Da sie bald darauf in eine Zollunion mit dem Norddeutschen Bund genötigt werden, ist Österreich – der dritte Block – endgültig isoliert.

Preußen hat gewonnen. Österreich spielt keine Rolle mehr in der deutschen Politik. Dazu werden die süddeutschen Staaten gezwungen, ihr Militärwesen nach preußischem Vorbild zu reformieren und geheime Beistandsabkommen mit dem mächtigen Nachbarn im Norden zu schließen. Aber allen ist klar: Diese Neuordnung wird nicht von Dauer sein, alles läuft auf einen deutschen Einheitsstaat hinaus. Und auf die Auseinandersetzung mit Frankreich.

Frankreichs Kaiser Napoleon III. sieht mit wachsendem Unbehagen, wie da östlich des Rheins, wo es seit Jahrhunderten viele verschiedene deutsche Länder gab, die man bei Bedarf (und Bedarf war eigentlich immer) gegeneinander ausspielen konnte, ein monolithischer Block wächst.

Als Pläne bekannt werden, dass das aussterbende spanische Königshaus ausgerechnet einen Hohenzollern als Nachfolger bekommen soll, ist Frankreich empört, es fühlt sich eingekreist von einer aggressiven preußisch-deutschen Politik (dass es sich um einen Prinzen der katholischen Hohenzollernlinie aus Schwaben handelt, tut da nichts zur Sache).

Zunächst scheint Bismarck-Preußen in dieser Auseinandersetzung zu unterliegen. Die spanische Kandidatur muss zurückgezogen werden. Als sich aber Frankreichs Regierung gar nicht beruhigen will, sondern geradezu eine Unterwerfungserklärung verlangt, gibt Bismarck diese Forderungen – geschickt gekürzt – an die Presse. Ein Vorgang, der als »Emser Depesche« in die Geschichte einging.

Im Deutschland des Sommers 1870 ruft das einen Sturm der Entrüstung hervor. Das Gefühl, einer gemeinsamen Nation anzugehören und von Frankreich, dem alten Feind, bedroht zu sein, lässt alle inneren Konflikte in den Hintergrund treten. Der Norddeutsche Bund mobilisiert seine Truppen (die riesige Armee Preußens), die süddeutschen Länder sehen den Bündnisfall gegeben und tun das Gleiche. Geführt wird dieses gesamtdeutsche Heer wieder durch Preußens Generalstab unter Helmut von Moltke.

Die Franzosen besitzen mit dem Chassepot-Gewehr eine sehr gute Infanteriewaffe, waffentechnisch überlegen wie gegen Österreich ist Preußen diesmal nicht. Aber Frankreichs Heeresführung ist desolat. Im Wesentlichen wartet man ab, was die Deutschen tun. Die rücken auch diesmal wieder – »getrennt marschieren, vereint schlagen« – mit drei Armee-Keilen Anfang August über den Rhein. Eine französische Armee, eingeschlossen in der Festung Metz, kapituliert, die Hauptarmee wird am 4. September bei Sedan geschlagen, Napoleon III. gerät dabei in Gefangenschaft. Das ist das Ende seines Kaiserreichs, in Paris tritt eine neue Regierung zusammen, Frankreich wird Republik. Schnell aufgestellte Volksheere (»Levée en masse«) und Partisanen (»Franctireurs«) können die gut ausgebildeten und umsichtig geführten deutschen Invasoren nicht mehr aufhalten. Am 19. September ist Paris eingeschlossen.

Moltke möchte Verluste vermeiden und Paris aushungern, Bismarck plädiert für Beschießung und schnellen Sieg. Er will Tatsachen schaffen. Denn Europa, so fürchtet er, wird der Schwäche Frankreichs nicht lange tatenlos zuschauen. Der Operettenkaiser Napoleon III. hatte wenig Freunde, aber die neue Republik wird zumindest die Sympathie Englands genießen.

Deutschland, so die allgemeine Stimmung, muss eins werden. Vor den Toren des belagerten Paris verhandeln Ende 1870 die deutschen Staaten über das Wie. Welche Staats- und Regierungsform soll das Land bekommen und wie soll das neue Gebilde heißen? Man greift auf alte Vokabeln zurück, auf das 1806 von Napoleon weggefegte »Reich«. An der Spitze muss ein Kaiser stehen, das kann nur Preußens König sein.

Am 18. Januar 1871 wird im Spiegelsaal des Schlosses von Versailles das deutsche Kaiserreich ausgerufen.

Das neue Reich bekommt ein gemeinsames Parlament, den Reichstag. Er geht aus allgemeinen, gleichen und geheimen Wahlen hervor. Bayern, Sachsen und Württemberg behalten eigene Heere, ein eigenes Post- und Eisenbahnwesen und sogar

Wilhelm I. und sein Kanzler Otto von Bismarck im Arbeitszimmer des Kaisers im Palais Unter den Linden. Lithografie nach einem Aquarell von Konrad Siemroth, 1887.

ein wenig Außenpolitik mit eigenen Gesandtschaften. Die Zustimmung von Bayerns König Ludwig kauft Bismarck zum Schluss ganz einfach: Ludwig braucht Geld für seine Schlösser und unterschreibt für ein paar Millionen einen Brief, in dem er dem König von Preußen die Kaiserkrone anträgt.

Die deutsche Einheit ist da. Aber ganz anders als Liberale und Demokraten es sich seit 1806 erträumt haben: nicht durch Revolution oder parlamentarischen Kampf errungen, sondern auf dem Schlachtfeld. Unter der Führung Preußens.

AUSFLUG Bauten Friedrich Wilhelms IV. in Potsdam

Friedrich Wilhelm IV. gilt neben Friedrich dem Großen als Schöpfer der Potsdamer Garten- und Schlösserlandschaft. Er skizzierte und entwarf vieles selbst und im Dialog mit Karl Friedrich Schinkel und vor allem dessen Nachfolger Ludwig Persius.

Im Gegensatz zu seinem Vater, der von Schinkel für Preußen eine Art moderner Staatsarchitektur schaffen ließ, in der Nützlichkeit, Staatsgedanken und höchstes ästhetisches Niveau verbunden sein sollten, entsprachen die Bauten König Friedrich Wilhelms IV. seinen romantisierenden Neigungen. Während Eisenbahnen, Industrien, Aktiengesellschaften und ein darbendes Proletariat das alte Preußen von Jahr zu Jahr mehr in einen Industriestaat verwandelten, entwarf der Herrscher eine Ideallandschaft nach italienischen Vorbildern.

■ **Schloss Charlottenhof mit den Römischen Bädern.** Der junge Kronprinz erhielt 1825 zu Weihnachten Charlottenhof geschenkt, ein kleines Landhaus mit Garten. Karl Friedrich Schinkel dekorierte das schlichte Fachwerkhaus zum Landschlösschen mit imposantem Vestibül und Speisesaal, einer hohen Terrasse und langer Pergola. Peter Josef Lenné entwarf den Landschaftsgarten mit Dichterhain und Rosengarten. Später wurde die Anlage durch die ausgedehnten Römischen Bäder ergänzt, inspiriert von Ausgrabungen in Italien. Die Ideen stammten vom König, von Schinkel die Pläne, die Ausführung lag in den Händen von Persius.

14471 Potsdam, Geschwister-Scholl-Straße 34a
Tel. 03 31/969 42 28 · www.spsg.de

■ **Das Orangerieschloss.** Auf dem Bornstedter Höhenzug plante der König seit 1840 eine »Triumphstraße«. Die Revolution von 1848 vereitelte das Vorhaben, verwirklicht wurde nur die Orangerie. Der König und Persius erarbeiteten ab 1840 die Pläne, gebaut wurde erst nach dem Tod Friedrich

Wilhelms IV. Neben großen Winterhallen für empfindliche Pflanzen entstanden wenig genutzte Innenräume im Stil des damals wieder in Mode kommenden Rokoko. Eine Galerie präsentierte die umfangreichste Sammlung von Kopien der Werke Raffaels. Spektakulär prägen die weitläufigen Terrassen die Landschaft oberhalb von Sanssouci. Im Hof zeigt ein Standbild von Gustav Bläser aus dem Jahr 1873 König Friedrich Wilhelm IV.

14471 Potsdam, An der Orangerie 3–5 · Tel. 03 31/96 94 22
www.spsg.de

■ **Das Belvedere auf dem Pfingstberg.** Das Aussichtsschloss auf dem Pfingstberg geht ganz auf Ideen und Skizzen Friedrich Wilhelms IV. zurück. 1847 wurde der Bau begonnen, doch nur ein Teil der Planung verwirklicht. Ursprünglich sollten die Terrassenanlagen den gesamten Hang einnehmen.

14469 Potsdam, Friedrich-Ebert-Straße 83· Tel. 03 31/270 19 72
www.spsg.de

■ **Krongut Bornstedt.** Der König kaufte das nördlich von Sanssouci gelegene Rittergut Bornstedt und ließ von dem Architekten Johann Heinrich Haeberlin neue Gebäude errichten. Alles, was zu einem märkischen Gut gehörte, wurde gebaut – in italienischem Stil: Herrenhaus, Kuhstall, Remisen, Hühnerhaus, Scheune, Wasch-, Back- und Schlachthaus. Von ferne wirkt das Ganze wirklich wie das »italienische Dörfchen«, das Friedrich Wilhelm hier gern sehen mochte. Gekrönt wird die Anlage durch eine italienische Basilika mit Arkadengang und Kampanile nach Entwürfen von Ludwig Persius und Friedrich August Stüler. Sie wurde 1856 geweiht.

14469 Potsdam, Ribbeckstraße 6–7 · Tel. 03 31/55 06 50
www.krongut-bornstedt.de

■ **Schloss Lindstedt.** Der kleine, villenartige Bau nördlich des Neuen Palais (nicht ausgeschildert) ist nicht zu besichtigen. Friedrich Wilhelm kaufte das ehemalige Gut bereits als Kronprinz 1828 und beschäftigte sich in vielen Skizzen mit dem Umbau zu einem »antiken Landhaus«. Gebaut wurde es erst kurz vor seinem Tod. Lenné hat auch hier den Park gestaltet.

14469 Potsdam, Lindstedter Chaussee 1 · Nicht zu besichtigen

■ **Friedenskirche.** Sie erhebt sich am Südostausgang des Parks von Sanssouci auf dem Gelände des ehemaligen Küchengartens. Bereits als junger Mann schwärmte der König für eine »Kirche am Wasser« nach italienischem Vorbild, umgeben sollte sie eine Klosteranlage. Die Pläne stammen von Persius und Stüler, der Bau entstand 1845–48. Friedrich Wilhelm IV. wurde hier später beigesetzt. Der umgebende Parkgarten gehört zu den besten Schöpfungen Peter Josef Lennés.

14469 Potsdam, Am Grünen Gitter 3 · Tel. 03 31/97 40 09
www.friedenskirche-potsdam.de

IN BERLIN ## Friedrich Wilhelm IV. im Schloss Charlottenburg

1841/42 richteten sich Friedrich Wilhelm IV. und seine bayerische Gemahlin Wohnungen im alten Mittelbau von Charlottenburg ein. Die Wohnung des Königs hat sich mit wenigen originalen Möbeln, aber etlichen Gemälden und Stichen erhalten. Im Adjutantenzimmer zeigt ein Porträt Alexander von Humboldt, der zum engeren Kreis Friedrich Wilhelms IV. gehörte. Im Arbeitszimmer hängen Bilder von Carl Blechen, Caspar David Friedrich und Schinkel. Erhalten hat sich auch die von Johann Heinrich Strack mit Täfelungen, Bücherschränken, Schreibtisch und Stühlen entworfene Bibliothek.

14059 Berlin, Spandauer Damm 20–24 · Tel. 030/320 91–440
www.spsg.de

AUSFLUG ## König und Kaiser Wilhelm I.

■ **Schloss und Park Babelsberg.** An einer kleinen Havelbucht nahe der Glienicker Brücke gelegen, ist Schloss Babelsberg Teil des »Preußisches Arkadien« zwischen Potsdam und Pfaueninsel. Wilhelm verbrachte hier mit seiner Gemahlin viele Jahrzehnte lang den Sommer, als Prinz, ab 1862 als König und schließlich von 1871 bis zu seinem Tod 1888 als deutscher Kaiser.

Babelsberg war einer der ersten Schlossbauten im Stil der Neugotik auf dem Kontinent. 1833 lieferte Karl Friedrich Schinkel den Grundentwurf. Er hatte 1826 England bereist und dort jene modische »Castle Gothic« kennen gelernt. Später übernahm Ludwig Persius die Leitung und nach dessen Tod 1845 Johann Heinrich Strack. Man erkennt die drei Handschriften (und die zahlreichen Eingriffe der Gemahlin Wilhelms) bis heute.

Vieles der Ausstattungen Schinkels und Stracks – Täfelungen, Deckenbalken und Wandmalereien – hat sich erhalten. Ein Tanzsaal, mit Sternengewölbe gemahnt eher an eine Kirche, und ein Speisesaal, der sich eng an Vorbilder aus Windsor Castle anlehnt, sind jeweils zwei Stockwerke hoch. Schloss Babelsberg wird gegenwärtig restauriert.

Die beiden bedeutendsten deutschen Gartenschöpfer des 19. Jahrhunderts, Peter Josef Lenné und Heinrich Fürst von Pückler-Muskau, haben den ausgedehnten Park gestaltet. Der Hang unterhalb des Schlosses fällt wellenförmig als »Bowlinggreen« zum Wasser hin ab. Dort hat Persius Dampfmaschine und Pumpen für die Bewässerung in einer »Normannenburg« versteckt (ihr Turm dient als Schornstein).

In westlicher Richtung, auf Potsdam zu, führen die Wege den Spaziergänger an zahlreichen Parkbauten vorbei: der Gerichtslaube des mittelalterlichen Berliner Rathauses, die man hier wieder aufgestellt hat, einem »Kleinen Schloss« am Wasser (Restaurant). Es gibt Matrosen-, Kutscher- und Pförtnerhaus, auf einem Hügel diente der dem einstigen Eschenheimer Torturm in Frankfurt am Main nachgebildete Flatowturm als Aussichtspunkt und Wasserspeicher. Auf dem Berg, der hinter dem Schloss ansteigt, trägt eine Siegessäule eine bronzene Viktoria Christian Daniel Rauchs, die an den Sieg von 1866 über Österreich erinnert.

14482 Potsdam, Park Babelsberg · Tel. 03 31/969 42 50
www.spsg.de

IN BERLIN Wilhelm I.

■ **Altes Palais Unter den Linden.** 1834 ließ sich Wilhelm I. durch Karl Ferdinand Langhans diesen Bau errichten. Nach völliger Zerstörung im Zweiten Weltkrieg wurde die Fassade wieder aufgebaut. Hier befand sich jenes berühmte Eckfenster, zu dem die Passanten im alten Berlin ehrfürchtig emporsahen, wenn dort nachts noch die Lampe des arbeitenden Königs und späteren Kaisers brannte.

10117 Berlin, Unter den Linden 9

■ **Siegessäule am Großen Stern.** 1865–73 von Johann Heinrich Strack auf dem Königsplatz (heute: Platz der Republik) errichtet. Die ursprünglich nur drei Segmente sollten an die Siege von 1864, 1866 und 1871 erinnern. Friedrich Drake entwarf die Bekrönung durch die vergoldete Siegesgöttin Viktoria. Auf dem Sockel zeigen Reliefs (Keil, Schulz, Wolf) Kriegsbilder und den Einzug der Truppen in Berlin. Hinter den Säulen der Ringkolonnade sind Szenen der Reichseinigung zu sehen, entworfen hat die Mosaike Anton von Werner. Die Säule zieren vergoldete Läufe erbeuteter Kanonen. 1938 ließ Hitler die Anlage hierher versetzen und durch Treppen und ein weiteres Säulensegment stark erhöhen.

10785 Berlin, Straße des 17. Juni

AUSFLUG Kaiser Friedrich III. und Kaiser Wilhelm II.

■ **Potsdam, Neues Palais im Park von Sanssouci.** Der erste Deutsche Kaiser, Wilhelm I., regierte bis zu seinem Tode 1888, sein Sohn folgte ihm als Kaiser Friedrich III. nach, starb aber nach den berühmten 99 Tagen bereits im selben Jahr. Sein Sterbezimmer befindet sich hier im Neuen Palais und wird bei den Besichtigungen gezeigt. Sein Sohn, der letzte Deutsche Kaiser, Wilhelm II., hat den Nordflügel des Palais später 30 Jahre lang bis zu seiner Abdankung 1918 bewohnt. Zahlreiche Wandschränke sowie sanitäre Einbauten sind erhalten, während die Ausstattung der Räume bis auf Wandbespannungen überwiegend verloren ist.

14469 Potsdam, Schlosspark Sanssouci . www-spsg.de

AUSFLUG **Fürst Bismarck**

■ **Herkunft: Dorf und Gut Schönhausen in der Altmark.**
Das Dorf gehört zu den Orten, die schon im 12. Jahrhundert
um das Kloster Jerichow des Reformordens der Prämonstra-
tenser entstanden. Hier stehen die ältesten Backsteinkirchen
der Mark, Schönhausen besitzt ein besonders stattliches Beispiel. Das Gutshaus der Bismarcks steht nur noch zum Teil,
der Park ist inzwischen teilweise wieder hergestellt. Im
Schloss gibt seit kurzem ein kleines Bismarckmuseum.

Landkreis Stendal · 39524 Schönhausen, Bismarckstraße
Tel. 203 93 23/388 74 · www.schoenhausen-elbe.de

■ **Bismarcks Alterssitz: Schloss Friedrichsruh bei Hamburg.** Bismarck liebte das Land und zog sich monatelang aus
Berlin zurück. Sein jahrzehntelanger Besitz Varzin liegt heute
in Polen. Friedrichsruh im Sachsenwald nahe Hamburg war
ein Geschenk des preußischen Staates. Bismarck lebte hier
von 1871 bis zu seinem Tod 1898. Das Museum im Alten
Landhaus zeigt neben den originalen Möbeln des Arbeits-
zimmers Briefe, Handschriften, Dokumente, Porzellan und
Gemälde von Franz von Lenbach und von Anton von Werner die berühmte »Kaiserproklamation in Versailles 1871«.
Außerdem gibt es ein Archiv und eine Bibliothek.

Landkreis Stormarn (Schleswig-Holstein) · 21521 Friedrichsruh, Am
Museum 2 · Tel. 04104/2419 · www.museen-sh.de

■ **Mausoleum.** Es befindet sich 500 Meter entfernt und enthält die Sarkophage Bismarcks und seiner Gemahlin; auch
andere Angehörige der Familie sind hier bestattet. Der neu-
romanische Bau von 1899 steht an einer Stelle des weitläufigen Besitzes, an der Bismarck besonders gern gesessen
hatte. Sein Wunsch war auch, nahe der Eisenbahn begraben
zu werden, um »den Zusammenhang mit dem Leben bei-
zubehalten«. Sein Grabspruch lautet: »Ein treuer deutscher
Diener Kaiser Wilhelms I.«

Landkreis Stormarn (Schleswig-Holstein) · 21521 Friedrichsruh, Am
Museum 1 · Tel. 041 04/58 50 · www.sachsenwald.de/mausoleum

Nachspielzeit

1918 wird Preußen die stabilste Demokratie Deutschlands. Die Nazis missbrauchen seinen Mythos. Im Widerstand gegen Hitler blitzt Preußen noch einmal auf. Nach dem Zweiten Weltkrieg schaffen die Sieger das Land Preußen ab.

Europa bestaunt in den Jahrzehnten nach 1871 den Aufstieg Deutschlands. Das Kaiserreich wird ein mächtiger Staat und eine eindrucksvolle Industrienation. Führender Mann in der Politik ist Kanzler Bismarck (dass er auch noch Preußischer Ministerpräsident ist, wird zunehmend weniger wahrgenommen). Bismarck wandelt sich zu einem Politiker des Ausgleichs, dem nichts so am Herzen liegt wie das Gleichgewicht der Kräfte in Europa. Im Innern aber wächst der Widerstand gegen ihn. Der Reichstag entwickelt sich trotz geringer Befugnisse zu einem lebendigen Parlament.

Von Wahl zu Wahl bekommen die Sozialdemokraten mehr Stimmen. Der Kanzler greift nicht nur zu harten Polizei- und Zensurmaßnahmen, sondern versucht mittels einer eigenen Sozialpolitik die Gründe für das Anwachsen der Linken zu beseitigen. Es entsteht die erste Renten- und Krankenversicherung. 1888 stirbt Wilhelm I., Deutscher Kaiser und zugleich König von Preußen mit 91 Jahren. Alle, die lieber eine ganz ans Parlament gebundene Monarchie möchten wie in England, hoffen auf den Nachfolger. Denn dieser – Friedrich III. – ist mit einer Tochter der Queen Victoria verheiratet und gilt als liberal. Kaiser Friedrich ist jedoch bereits sterbenskrank und schon nach einem Vierteljahr tritt sein Sohn als Wilhelm II. in diesem »Dreikaiserjahr« die Nachfolge an. Der aber ist aus ganz anderem Holz geschnitzt, von Einschränkungen monarchischer Macht hält er wenig.

Wilhelm II. fühlt sich ganz als Deutscher Kaiser. Preußisches ist ihm nur noch historische Reminiszenz und Staffage. Seine Politik löst sich von Bismarcks Vorgaben immer mehr, und 1890 tritt der alte Kanzler zurück. Von nun an verfolgt das Kaiserreich eine imperialistische Politik, die mit preußischen Wurzeln nur noch we-

Cecilienhof, das letzte Hohenzollernschloss, war 1945 Ort der Potsdamer Konferenz, auf der auch über das Ende Preußens entschieden wurde.

nig gemein hat. 1914 versinkt Europa in einen Weltkrieg, an seinem Ende ist das Deutsche Reich geschlagen, die Hohenzollern treten nach fünf Jahrhunderten ab. Preußen ist da aus dem allgemeinen Bewusstsein schon ziemlich verschwunden.

1871 hatte noch Preußen gesiegt, das neue Reich wird zunächst gewissermaßen ein vergrößertes Preußen. Preußen ist der größte Staat im Reich, wählt die meisten Abgeordneten in den Reichstag, seine Armee ist die größte. Preußens Hauptstadt Berlin wird Reichshauptstadt. Doch der Sieg Preußens wird zugleich zu so etwas wie seinem Untergang. Preußen geht allmählich im Reich auf: Zwar residiert nach wie vor der preußische König im Schloss an der Spree, aber die Öffentlichkeit sieht in ihm mehr nur noch den Deutschen Kaiser.

Die – bloß noch dekorativen – Könige von Sachsen, Bayern und Württemberg bleiben in den Augen ihrer Untertanen, was sie immer waren, die alten Herrscherhäuser ihrer Länder. Einen irgendwie preußischen Stamm dagegen gibt es nicht, Märker unterscheiden sich von Ostpreußen, Pommern von Schlesiern. Die zufällige Ansammlung von Ländern hatte sich allein im Militär- und Rechtsstaat vereint gefunden, verbunden durch das Herrscherhaus und das Ethos des Dienens und des »Mehr sein als scheinen«. Die »Neu-Preußen« der vergangenen Jahrzehnte gar, Rheinländer, Westfalen, Hannoveraner hegen wenig Gefühl für diesen Staat. Sie sehen sich jetzt allein als Deutsche. »Preußen« wird zum Erinnerungsstück, geachtet, weil es die nationale Einheit herbeigeführt hat, aber nicht mehr zeitgemäß. Die Industrie wächst anderswo. Hier, wo Preußens Wiege gestanden hat, auf den Gütern in der Mark und in Pommern, wird der neue Wohlstand nicht erwirtschaftet. Vor allem der Adel blickt voller Nostalgie auf die ruhmreiche Vergangenheit und voll Bitterkeit auf das Jetzt. Nicht einmal den neuen Herrscher, Wilhelm II., mit all seinem Pomp und seinen lauten Reden hält man hier recht eigentlich noch für einen richtigen Preußen.

Dabei bilden die Hohenzollern die letzte geistige Klammer Preußens. Als der Kaiser 1918 abdankt und ins Exil geht, fällt auch diese fort. Wie wenig sich die Preußen inzwischen als Preußen, wie sehr sie sich nur noch als Reichsbürger fühlen, zeigt sich jetzt: Preußen möchte 1919 zunächst gar keine eigene Landesverfassung mehr ausarbeiten, sondern lieber gleich mit den übrigen Ländern in einem »deutschen Einheitsstaat« aufgehen.

Wilhelm II., letzter deutsche Kaiser und preußischer König.
Gemälde von Ludwig Nosler, 1900; Kölnisches Stadtmuseum.

Sachsen, Bayern oder Württembergern fällt so etwas nicht ein,
sie halten vom Einheitsstaat gar nichts.
In den Jahren der Weimarer Republik wird Preußen zum politisch stabilsten deutschen Land. Es ist ein Hort der Demokratie.
Während die Reichsregierung in 13 Jahren vierzehnmal wech-

selt, regiert in Preußen unangefochten der Sozialdemokrat Otto Braun, ein Ostpreuße. Und genauso lange leitet der Zentrumspolitiker Konrad Adenauer den Staatsrat, die Vertretung der preußischen Provinzen. Preußens Verwaltung arbeitet, wie sie immer gearbeitet hat, lautlos, sorgfältig und weitgehend unparteiisch. Polizei, Justiz, Schulen und Universitäten werden reformiert und funktionieren bestens. Preußens Regierung – sie herrscht über drei Fünftel Deutschlands – sorgt dafür, dass die Republik in turbulenten Zeiten überhaupt am Leben bleibt. Im Juli 1932, also noch vor der Machtergreifung Hitlers, wird sie beseitigt. Die deutschnationale Reichsregierung unter (dem Preußen) Franz von Papen möchte freie Bahn für diktatorische Maßnahmen, da stört eine demokratische Preußenregierung. Möglich wird dieser Staatsstreich nur, weil der Reichspräsident Paul von Hindenburg ihn billigt.

Während Preußen versinkt, wird sein Mythos benutzt. Goebbels inszeniert im März 1933 einen »Tag von Potsdam«: Hindenburg und Hitler treten zusammen in der Garnisonkirche vor die Regimentsfahnen an den Sarg Friedrichs des Großen und reichen sich die Hand, Reichswehr und SA defilieren gemeinsam. Die Botschaft: Adolf Hitler setzt preußische Traditionen fort! Von vielen wird das gern geglaubt. Zwei Tage später erteilt der Reichstag Hitler diktatorische Vollmachten. Der Rechtsstaat, Preußens historische Errungenschaft, hat aufgehört zu bestehen.

In der Nazizeit erlebt Preußen ein clowneskes Nachspiel. Hitler ernennt den Bayern Hermann Göring zum Preußischen Ministerpräsidenten. Ein Titel ohne Substanz, Deutschland wird jetzt zentral regiert. Aber Göring liebt Titel und sichert mit der pompösen Hülle die eigene Macht unter den Paladinen des »Führers«.

Noch einmal blitzt Preußens Vergangenheit auf, als nach dem Attentat des 20. Juli 1944 die Namen der Verschwörer bekannt werden. Es sind viele Angehörige alter preußischer Familien darunter: Hardenberg, Kleist, Moltke, Schulenburg, Schwerin, Yorck.

Die Sieger von 1945 schaffen Preußen schließlich auch formal ab. Josef W. Stalin möchte Polen nach Westen verschieben, ein Land Preußen ist da im Wege. Winston Churchill und auch den Amerikanern dagegen ist Preußen selbst ein Hassobjekt. Für sie führt eine klare Linie vom Landraub Friedrichs des Großen über Bismarcks aggressive Außenpolitik vor 1871 zum Imperialismus Wilhelms II. und schließlich zu Hitler. So sind sich alle einig und am 25. Februar 1947 verfügt das Gesetz Nummer 46 des Alliierten Kontrollrates die »Auflösung des Staates Preußen«.

AUSFLUG   Ende und Nachklang

■ **Gräber auf dem Bornstedter Friedhof.** Auf dem Friedhof in Bornstedt, mit dem viele für Potsdam wichtige Namen verbunden sind (Lenné, Persius u.a. liegen hier), stehen auch Grab- bzw. Gedenksteine für die am Attentat auf Hitler am 20. Juli 1944 beteiligten Henning von Tresckow und Kurt Freiherr von Plettenburg.

14469 Potsdam, Ribbeckstraße 17

■ **Schloss Cecilienhof, Ort der Potsdamer Konferenz 1945.** Auch wenn Preußen nicht unmittelbar Thema der Siegerkonferenz war, betraf doch die hier zementierte Verschiebung Polens nach Westen ausschließlich preußisches Gebiet. Das letzte Hohenzollernschloss (erst 1917 durch das Kronprinzenpaar bezogen) wurde 1945 von den Russen als Tagungsort für die Konferenz der Sieger ausgewählt. Vom 17. Juli bis zum 2. August tagten die Staatsoberhäupter der USA, Großbritanniens und der Sowjetunion in der einstigen Wohnhalle. Die UdSSR wurde von Josef W. Stalin vertreten, die USA von Harry S. Truman, Großbritannien zunächst von Winston Churchill; nachdem er die Unterhauswahlen verlor, von Clement Attlee.

14469 Potsdam, Im Neuen Garten · Tel. 03 31/969 42 44
www.spsg.de

IN BERLIN   Alliierter Kontrollrat

Das ehemalige Gebäude des Alliierten Kontrollrats, heute Kammer- und Verfassungsgericht in der Schöneberger Elßholzstraße. Beschlossen war das Ende Preußens lange, verabredet wurde es Ende 1945 auf einer Außenministerkonferenz in New York, formal besiegelt aber hier im Sitz der damals obersten Gewalt in Deutschland, des Alliierten Kontrollrats.

10781 Berlin, Elßholzstraße 30–33

ANHANG

Grabstätten der Hohenzollern

Die ersten Hohenzollern noch hatte es aus Brandenburg wieder in die Heimat zurückgezogen: die Kurfürsten Friedrich I., Friedrich II. und Albrecht Achilles liegen im Kloster Heilbronn begraben.

Johann Cicero und Joachim I. wählten das Kloster Lehnin als Grablege, 1542 wurden sie in die Gruft der Berliner Dominikanerkirche überführt. Dort ließ sich dann auch Joachim II. beisetzen. 1747 beim Abriss wurden die drei Särge unter dem Bauschutt vergessen.

Kurfürst Georg Wilhelm wurde in Königsberg bestattet. Der Soldatenkönig, Friedrich Wilhelm I. und sein Sohn, Friedrich der Große, wurden zunächst in der Potsdamer Garnisonkirche beigesetzt. Friedrich der Große dann 1991, wie er es gewünscht hatte, auf der Terrasse von Sanssouci. Die Grabstätte Friedrich Wilhelms I. ist heute die Potsdamer Friedenskirche. Hier ist auch letzte Ruhestätte Friedrich Wilhelms IV.; die des »99-Tage«-Kaisers Friedrich III. befindet sich im benachbarten Mausoleum. Der letzte Hohenzoller auf dem preußischen Thron, Kaiser Wilhelm II., liegt in seinem Exilort Doorn in den Niederlanden begraben.

Die Särge und Sarkophage der meisten übrigen Hohenzollernherrscher stehen in der Gruft des Berliner Doms, darunter der des Großen Kurfürsten, König Friedrichs I. und die ihrer Gemahlinnen.

Regierungszeiten der Hohenzollern

Kurfürsten
Friedrich VI./I. 1411–1440
Friedrich II. 1440–1470
Albrecht III. Achilles 1470–1486
Johann Cicero 1486–1499
Joachim I. Nestor 1499–1535
Joachim II. Hektor 1535–1571
Johann Georg 1571–1598
Joachim Friedrich 1598–1608
Johann Sigismund 1608–1619
Georg Wilhelm 1619–1640
Friedrich Wilhelm, Der Große Kurfürst 1640–1688
Friedrich III. 1688–1701, danach König

Könige

Friedrich I. 1701–1713
Friedrich Wilhelm I., Der Soldatenkönig 1713–1740
Friedrich II., Der Große 1740–1786
Friedrich Wilhelm II. 1786–1797
Friedrich Wilhelm III. 1797–1840
Friedrich Wilhelm IV. 1840–1861
Wilhelm I. 1861–1871, danach Kaiser

Kaiser

Wilhelm I. 1871–1888
Friedrich III. 1888
Wilhelm II. 1888–1918

Personenregister

Ortsregister